Lesebuch 2

Herausgegeben von Franz Werthmann

Erarbeitet von Jutta Fiedler, Claudia Griese,
Marion Lohse, Petra Roth, Kristina Spall und
Franz Werthmann

Unter Beratung von Prof. Dr. Bernhard Meier

Duden Schulbuchverlag
Berlin, Mannheim

Inhaltsverzeichnis

 Lexis Lesetipps

 Vorlesegeschichte

 Text folgt den Regeln der alten Rechtschreibung

A Nachschlagen im „Autorenlexikon"

* Nachschlagen in „Schwierige Wörter"

Festigende Aufgaben
Grundaufgaben
Aufgaben mit erhöhtem Schwierigkeitsgrad
Knobelaufgaben/hoher Schwierigkeitsgrad

Meine Buchstabentorte

Wenn es dunkel wird und ich einsam bin,
dann träume ich Häuser aus Worten.
Und ich richte mich ein und wohne darin
und backe mir Buchstaben-Torten.

Aber manches Mal lade ich Freunde ein,
damit sie das Mahl* mit mir teilen.
Also bitte ich dich heut mein Gast zu sein –
und ich koche dir auch ein paar Zeilen ...

Helga Duffek

Buchstabentorte

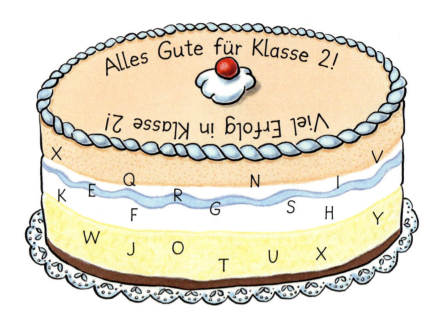

Lexi hat die Torte mit Sahne verziert. Aber er hat gekleckst.

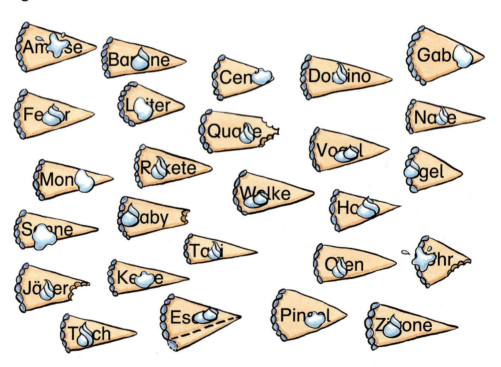

1 Kannst du die Wörter noch lesen?

Hallo,

ich begrüße Dich herzlich in Klasse 2.

Dieses soll Dich das ganze Schuljahr begleiten.

Es erzählt von , von und .

Du kannst neue und alte lesen und

Dich vor gruseln.

Hier findest Du Geschichten, in denen nach

gesucht wird.

Du erfährst etwas über , über ,

über , über und

über vieles mehr.

Ich wünsche Dir eine schöne Lesezeit!

Viele Grüße von

Lexi übt lesen

LESEN
LESENLESENLESEN
LESENLESENLEBENLESENLESEN
LESENLESENLESEN
LESEN

Was antwortet dir?

Bücher — T...

Torte — W...

Tiere — St...

Maus — H...

Lesen   aus

Lesen ist

Lesen ist wie Reisen

Lesen ist wie Reisen in

Lesen ist wie Reisen in fremde

Lesen ist wie Reisen in fremde Länder

Lesen ist wie Reisen in fremde Länder und

Lesen ist wie Reisen in fremde Länder und Zeiten

Selbstporträt

Ich stehe stundenlang

vorm Spiegel und

wunder mich,

dass ich

ich bin.

Frederike Frei

In der Schule

Nashorn, Nilpferd, Pavian, morgens fängt die Schule an,
mittags ist sie aus und du bist raus.

Irmela Brender

> Heute ist ein ganz toller Schultag! Wir suchen Schätze, lösen Rätsel und spielen Fußball.

STUNDENPLAN

Montag	Dienstag	Mittwoch	Donnerstag	Freitag
über Mäuse lesen	Wünsche träumen	Gespenster erschrecken	Rätsel lösen	Bücher zählen
Musik hören	E-Mail schreiben	Schätze verstecken	Schätze suchen	am Computer schreiben
Fehler machen	Mäuse malen	Lehrer verzaubern	Gespenster malen	Bilder malen
Fernseh gucken	Apparate erfinden	Gameboy spielen	Fußball spielen	über Witze lachen
frei	Fußspuren suchen	Schatzkarte lesen	frei	Spiele erfinden

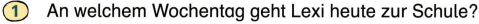

1 An welchem Wochentag geht Lexi heute zur Schule?

2 Such dir deinen Lieblingstag im Stundenplan aus.

V

Maus, die Maus,
liest und liest

Maus, die Maus, sagte:
Ich will nach draußen gehen
und mit anderen Mäusen spielen.
Geht nicht, sagte Vater Maus.
5 Warum nicht?

Wegen der Katze, sagte Vater Maus.
Sie sitzt vor der Tür.
Ach so, sagte Maus, die Maus.

Maus, die Maus, war noch klein.
10 Aber sie wusste genau,
was es heißt,
wenn die Katze vor der Tür sitzt.

Man bleibt zu Hause.
Man wartet, bis sie wieder weg ist.
15 Und was macht man so lange?

Ein Buch will ich lesen!,
sagte Maus, die Maus.

Kannst du denn schon
Bücher lesen?
20 Natürlich kann ich das.
Vater Maus
wollte es nicht glauben.
Aber Maus, die Maus,
kannte alle Buchstaben.

25 Und wenn man
alle Buchstaben kennt,
kann man alle Wörter
zusammensetzen.

Sie sah ihr Buch genau an.
30 Es ist ein schönes Buch, sagte sie.
Ein Buch über eine Maus,
die ein Buch liest!

Das ist genau das Richtige für eine Maus,
die zum ersten Mal ein Buch liest.
35 Maus, die Maus, fing an zu lesen.

Es ist ganz einfach!
Das muss ich den anderen
Mäusen erzählen, sagte sie.
Ach, Quatsch, das geht ja nicht,
40 weil die Katze vor der Tür sitzt.

Vater Maus sagte:
Die Katze?
Die sitzt nicht mehr vor der Tür.
Du hast so lange gelesen.
45 Das war sogar für eine Katze
zu lange.

Ach so,
sagte Maus, die Maus.

Hanna Johansen

Ich bin ein Wunder

Ich bin ein Wunder:
kann gehen
sehen
mich drehen
5   ganz wie ich will
kann lachen
Dummheiten
gar nichts machen
kann denken
10   schenken
ein Auto lenken
kann träumen
klettern in Bäumen
kann trinken
15   winken
mich wehren
mit Freunden verkehren

Ich
du – er – sie – es
20   wir alle
sind Wunder

Klaus Kordon

Der wasserdichte Willibald

Willibald Glück, genannt Willi, ging in die zweite
Klasse und konnte schon ganz schön viel. Er war
nicht sehr groß. Aber er konnte mit seinem Fahrrad
so toll bremsen, dass die Mädchen aus seiner Klasse
5 schreiend davonliefen. Er hatte ziemlich dünne Beine.
Aber wenn er seine Schienbeinschützer anzog, war
er ein gefürchteter Torjäger der Fußballjugend. Er
war nicht besonders stark. Eigentlich hatte er fast gar
keine Muskeln. Aber im Kinderchor konnte er so laut
10 singen wie kein Zweiter. Im Winter war er der schnellste
Plastiktütenrutscher am Schlittenberg. An Ostern war er
der pfiffigste Ostereiersucher der Familie. Im Sommer
war er ein gefürchteter Nacktschneckenjäger. Er konnte
die Schnecken einfach anfassen, mit bloßer Hand. Und
15 im Herbst war er der lauteste Laterne-Laterne-Sänger.
Und Willi sagte: „Eigentlich hab ich ziemlich Glück,
dass ich schon so viel kann. Fast alles eigentlich."

Willi traute sich viel, aber er traute sich nicht ins
Wasser. Willi war ein begeisterter Nichtschwimmer.
20 Genau genommen war er sogar ein begeisterter
Nicht-ins-Wasser-Geher. Er wusch sich, das schon.
Er duschte auch manchmal. Aber in der Badewanne
liegen, das war ihm schon zu viel.
Er fütterte gern Enten und andere Wasservögel.
25 Er liebte Teiche und Tümpel, solange Enten drauf
schwammen, die man füttern konnte. Aber er wäre nie
auf den Gedanken gekommen, selber in so ein Wasser
hineinzuspringen. Und zum Schwimmen gehen, ins
Schwimmbad, das wollte er schon gar nicht. ...

Rudolf Herfurtner

1 Suche aus dem Text heraus, was Willi alles kann.

2 Vermute, warum die Geschichte „Der wasserdichte
Willibald" heißt.

 Du kannst natürlich auch in Rudolf Herfurtners Buch
„Der wasserdichte Willibald" weiterlesen.

Höflichkeit

Danke schön,
danke sehr,
danke gut.

Danke wozu,
danke warum,
danke wieso?

Wozu schon, warum sehr, wieso gut?

Sehr schön,
sehr gut!

Schon gut,
schon gut!

A Christine Nöstlinger

 Info

Adolph Franz von Knigge hat vor langer Zeit gelebt.
Er war Schriftsteller und wurde berühmt, weil er
aufschrieb, wie die Menschen miteinander umgehen
sollen. An manche seiner Regeln halten sich die
Menschen heute noch.

1 Höfliche Menschen halten sich an bestimmte Regeln
im Umgang mit anderen Menschen. Welche Regeln
kennst du?

16

Kosespiel

Hier kannst du dir mit deinem Partner nette und lustige Wörter zusammenstellen.

Ihr braucht einen roten und einen schwarzen Würfel. Der rote Würfel ist für die vorderen Wörter, der schwarze für die hinteren. Sie werden einfach zusammengesetzt.

Beispiel: Du würfelst mit dem roten Würfel eine 3 und mit dem schwarzen eine 5: Dann bist du ein Seelenengel!

Rot:
1 Zucker
2 Herz
3 Seelen
4 Augen
5 Honig
6 Schnucki

Schwarz:
1 Puppe
2 Schnecke
3 Wärmer
4 Tropfen
5 Engel
6 Putzi

Irgendwie Anders

V

Auf einem hohen Berg, wo der Wind pfiff, lebte ganz allein und ohne einen einzigen Freund Irgendwie Anders.

Er wusste, dass er irgendwie anders war, denn alle
5 fanden das. Wenn er sich zu ihnen setzen wollte oder mit ihnen spazieren gehen oder mit ihnen spielen wollte, dann sagten sie immer: „Tut uns leid, du bist nicht wie wir. Du bist irgendwie anders. Du gehörst nicht dazu."

10 Irgendwie Anders tat alles, um wie die anderen zu sein. Aber es half alles nichts. Er sah nicht so aus wie die anderen und er sprach nicht wie sie. Er malte nicht so wie sie. Und er spielte nicht so wie sie. Und was er für komische Sachen aß! „Du gehörst nicht hierher", sagten
15 alle. „Du bist nicht wie wir, du bist irgendwie anders!"

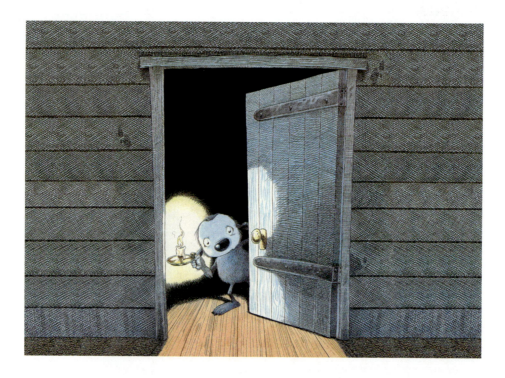

Irgendwie Anders ging traurig nach Hause. Er wollte gerade schlafen gehen, da klopfte es an der Tür. Draußen stand jemand – oder etwas. „Hallo!", sagte es. „Nett, dich kennenzulernen. Darf ich reinkommen?"

20 „Wie bitte?", sagte Irgendwie Anders. „Guten Tag!", sagte das Etwas und hielt ihm die Pfote hin – das heißt, eigentlich sah sie mehr wie eine Flosse aus. Irgendwie Anders starrte auf die Pfote. „Du hast dich wohl in der Tür geirrt", sagte er. Das Etwas schüttelte den Kopf.

25 „Überhaupt nicht, hier gefällt's mir. Siehst du ..." Und ehe Irgendwie Anders auch nur bis drei zählen konnte, war es schon im Zimmer ... und setzte sich auf die Papiertüte. „Kenn ich dich?", fragte Irgendwie Anders verwirrt. „Ob du mich kennst?", fragte das Etwas und

30 lachte. „Verstehst du denn nicht!", rief das Etwas. „Ich bin genau wie du! Du bist irgendwie anders – und ich auch." Und es streckte wieder seine Pfote aus und lächelte.

Irgendwie Anders war so verblüfft, dass er weder
35 lächelte noch die Pfote schüttelte. „Wie ich?", sagte er.
„Du bist doch nicht wie ich! Du bist überhaupt nicht wie
irgendwas, das ich kenne. Tut mir leid, aber jedenfalls
bist du nicht genauso irgendwie anders wie ich!" Und er
ging zur Tür und öffnete sie. „Gute Nacht!"
40 Das Etwas war gerade gegangen, da fiel es ihm
plötzlich ein. „Warte!", rief Irgendwie Anders. „Geh nicht
weg!" Er rannte hinterher, so schnell er konnte. Als er
das Etwas eingeholt hatte, griff er nach seiner Pfote
und hielt sie ganz, ganz fest. „Du bist nicht wie ich,
45 aber das ist mir egal. Wenn du Lust hast, kannst du bei
mir bleiben." Und das Etwas hatte Lust. Seitdem hatte
Irgendwie Anders einen Freund. Sie waren verschieden,
aber sie vertrugen sich.
Und wenn jemand an die Tür klopfte, der wirklich sehr
50 merkwürdig aussah, dann sagten sie nicht „Du bist
nicht wie wir" oder „Du gehörst nicht dazu". Sie rückten
einfach ein bisschen zusammen.

Kathryn Cave

Die Brücke

Worte Worte Worte
Worte   Worte
Worte   Worte
Worte   Worte
Worte   Worte
ICH Worte   Worte DU

Renate Welsh

Freunde

Freunde braucht man für tausend Sachen.
Freunde braucht man, um Quatsch zu machen.
Freunde sind da, heute und morgen.
Wer einen Freund hat, der hat nur halb so viel Sorgen.
Eine Freundin geht mit auf Abenteuer.
Zusammen verjagt man die Ungeheuer
und spielt gemeinsam Drachenschwanzjagen,
dann scheint die Sonne sogar an Regentagen.

Lea Hector

Der Herbst beginnt

Zum Herbst gehört der große Wind,
der um die Ecke fegt
und der die bunten Drachen
zum blauen Himmel trägt.
5   Zum Herbst gehören die Astern,
der Garten voller Frucht,
das reife Obst, die braune Nuss,
die sich das Eichhorn* sucht.
Zum Herbst gehört der Vogelzug,
10   der nach dem Süden flieht.
Zum Herbst gehört das Weidevieh*,
das in die Ställe zieht.
Zum Herbst gehören Schornsteinrauch
und Nebel überm Feld.
15   Die wilde Jagd gehört dazu,
wenn laut die Meute* bellt.
Zum Herbst gehören Freud und Leid,
Musik und Kirmestanz*,
das Laub im Park, ein frohes Fest
20   und die fette Martinsgans!

Bruno Horst Bull

Eine Blättergeschichte

Einmal hat ein Kind Blätter gesucht.
Es ist im Park über den Rasen gelaufen und
von einem Baum zu dem nächsten gegangen.
Unter den Birken hat das Kind Birkenbaumblätter
5 gefunden.
Unter der Linde hat das Kind Lindenbaumblätter
gefunden.
Unter der Eiche hat das Kind Eichenbaumblätter
gefunden.
10 Unter der Kastanie hat das Kind Kastanienbaumblätter
gefunden
und unter der Tanne hat das Kind ...

Elisabeth Stiemert

Angeführt! Angeführt!
Unter der Tanne hat das Kind eine Glasmurmel
gefunden. Das Kind hat sie in seine Hosentasche
gesteckt und mit nach Hause genommen.

1 Was hat das Kind unter der Tanne gefunden?

2 Im Text stehen Namen von Bäumen. Wie viele haben
fünf Buchstaben im Wort?

24

Herbstblätter

Warum haben Bäume Blätter?

Blätter erhalten die Bäume am Leben. Die Blätter
enthalten einen grünen Farbstoff – das Chlorophyll.
Das Chlorophyll nutzt Wasser, Sonnenlicht und das in
5 der Luft enthaltene Kohlendioxid*, um daraus
zuckerhaltige Nahrung zu machen.

Warum werden im Herbst die Blätter bunt?

Das Chlorophyll lässt die Blätter grün aussehen. Im
Herbst aber verschwindet das Chlorophyll aus den
10 Blättern und damit auch die grüne Farbe. Darunter
kommen die anderen Farben der Blätter zum Vorschein –
wunderschöne rote, gelbe und goldene Farbtöne.

Warum verlieren manche Bäume im Herbst ihre
Blätter?

15 Viele Blätter sind im Frühjahr und Sommer nützlich.
Während der sonnenreichen Tage baut die Pflanze im
Blattgrün Nährstoffe auf. Wenn die Tage kürzer werden,
bleibt weniger Zeit, Nahrung herzustellen, und der Baum
muss von seinen Vorräten leben. Er wirft die Blätter ab.

Herbstwind

① Herbst – wind weht schon kalt,

② bunt färbt sich der Som – mer – wald.

③ Fern zie – hen Wol – ken, brin - gen Re – gen her,

④ Bäu – me stehn bald kahl und leer.

Text und Melodie: Roland Leibold

1 Lasst euch zu dem Lied Bewegungen einfallen. Zeigt, wie der Wind die Bäume bewegt, wie die leeren Äste in den Himmel greifen und wie die Wolken Regen bringen.

Windrad für den Herbst

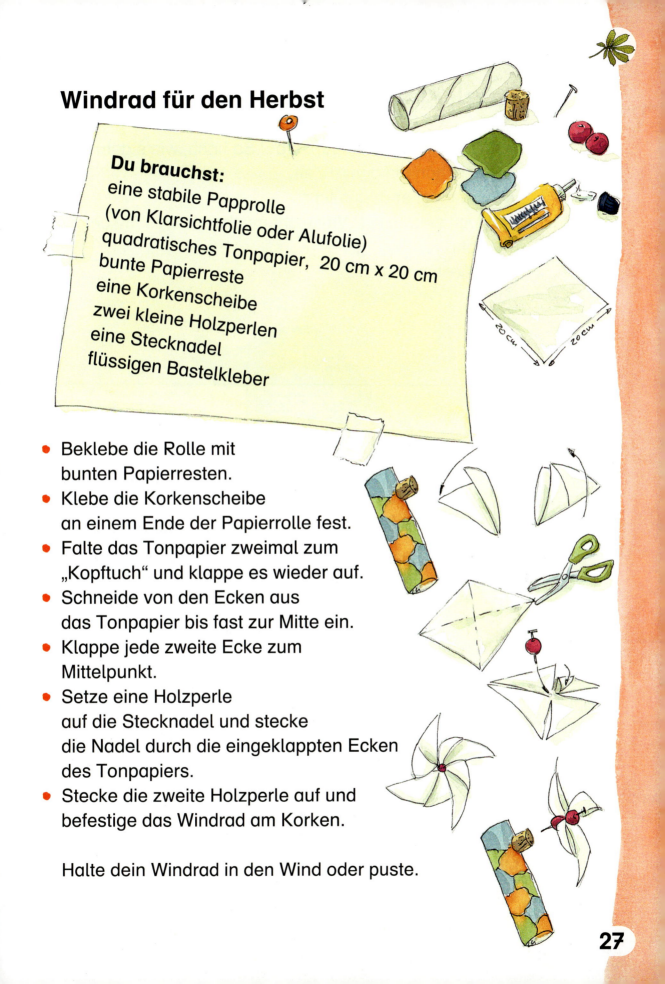

Du brauchst:
eine stabile Papprolle
(von Klarsichtfolie oder Alufolie)
quadratisches Tonpapier, 20 cm x 20 cm
bunte Papierreste
eine Korkenscheibe
zwei kleine Holzperlen
eine Stecknadel
flüssigen Bastelkleber

- Beklebe die Rolle mit
  bunten Papierresten.
- Klebe die Korkenscheibe
  an einem Ende der Papierrolle fest.
- Falte das Tonpapier zweimal zum
  „Kopftuch" und klappe es wieder auf.
- Schneide von den Ecken aus
  das Tonpapier bis fast zur Mitte ein.
- Klappe jede zweite Ecke zum
  Mittelpunkt.
- Setze eine Holzperle
  auf die Stecknadel und stecke
  die Nadel durch die eingeklappten Ecken
  des Tonpapiers.
- Stecke die zweite Holzperle auf und
  befestige das Windrad am Korken.

Halte dein Windrad in den Wind oder puste.

Spaziergang im Septemberwind

Du musst ihn hoch halten, Opa! So hoch, wie's geht!
Tu ich schon die ganze Zeit.
Warum fliegt er dann nicht?
Weiß ich doch nicht! Vielleicht machst du was falsch mit
5 der Schnur ...
Nein, bestimmt nicht.
Schau ... da drüben!
Was?

Die da drüben! Ihrer fliegt.
10 Ein gekaufter Drachen! Das sieht man doch.
Ist der besser als unser gebastelter?
Nein.
Unserer fliegt aber nicht. Ihrer schon.
Red nicht so viel. Pass lieber auf die Schnur auf!
15 Du bist heut gar nicht lustig, Opa. Warum?
Darum!
Musst ihn eben noch höher halten ...

Höher geht's nicht mehr. Jetzt pass auf, gib mit der
Schnur nach, ich lass ihn los.

20 Wieder nichts. Opa?

Ja?

Ich glaub, du hast was falsch gemacht bei deinem
Drachen ...

Es ist genauso dein Drachen!

25 Ja schon, aber ...

Nichts aber! Haben wir ihn miteinander gemacht,
ja oder nein? Falsch oder richtig?

Du bist heute wirklich nicht lustig, Opa.

Nein.

30 Warum denn?

Weil der Drachen nicht fliegt!

Reg dich doch nicht so auf, Opa!

Wir probieren's einfach noch mal.

Wir haben doch Zeit, oder?

35 Ja.

Komm, halt ihn ganz hoch ...

und jetzt – lass los! Opa!

Er fliegt! Ein bisschen ...

fliegt er ... er fliegt!

40 War auch höchste Zeit!

Anne Faber

1 Macht aus diesem Gespräch zwischen Opa und Enkel ein
Hörspiel. Denkt auch daran, Windgeräusche zu machen.
Nehmt das Hörspiel mit dem Kassettenrekorder auf.

Erntedank

Das Erntedankfest ist eines der ältesten Feste der
Menschheit. Überall auf der Welt bedanken sich die
Menschen für die Ernte. Und das tun sie, seit sie
vor langer Zeit gelernt haben, Samenkörner in die Erde
5 zu stecken und am Ende des Sommers Bohnen oder
Erbsen zu ernten.
Weil man nicht überall in Deutschland zur selben Zeit
mit der Ernte fertig war, feierte man das Erntedankfest
früher an keinem bestimmten Tag. Heute liegt das
10 Erntedankfest meist am ersten Sonntag im Oktober.
Es ist gut, sich an diesem Tag daran zu erinnern, dass
das Essen nicht aus der Fabrik kommt und dass viele
Menschen auf der Erde weniger zu essen haben als wir.

1 Was muss man in den Boden stecken, um Bohnen und
Erbsen zu ernten?

2 Wann wird dieses Jahr Erntedank gefeiert? Schaue im
Kalender nach.

Halloween

Halloween wird am Abend vor Allerheiligen
gefeiert, also am 31. Oktober. Der Name
kommt aus dem Englischen. Er heißt eigentlich
„All Hallow's Eve", was so viel bedeutet wie geheiligter
5 Abend und den Abend vor Allerheiligen meint. Im alten
Irland, Schottland und Wales feierten die Menschen ein
Fest, um die bösen Geister zu vertreiben. Sie zündeten
aber auch Lichter an und stellten Essen hin, um die
Geister freundlich zu stimmen. Weil damals viele Iren*
10 nach Amerika ausgewandert sind, wurde das Fest auch
dort bekannt. Ein bekanntes Zeichen für Halloween ist
der ausgehöhlte leuchtende Kürbis. Seit einigen Jahren
kann man auch bei uns Kürbisgeister
leuchten sehen und als Hexen
15 und Gespenster
verkleidete Kinder
bitten an Türen
um Süßigkeiten.

Was ist das?
Es ist groß und rund und hat zwei Streifen?
Ein Kürbis mit Hosenträgern.

Was ist das?
Es ist groß und rund und fährt auf und ab?
Ein Kürbis im Aufzug.

Gerda Anger-Schmidt

Franziska und Fabian

Franziska ist mit den Hausaufgaben fertig. Sie öffnet das Fenster und winkt mit dem Taschentuch. Im Haus gegenüber sitzt Fabian vor dem Fenster. Er sieht das
5 Taschentuch und läuft zu Franziska. Dann geht es ab zum Sportplatz. Sie laufen am Friedhof vorbei. Da stoppt Franziska plötzlich. Schwarz gekleidete Menschen verlassen den Friedhof. Nur eine kleine schmächtige* Gestalt ist allein vor einem offenen
10 Grab zurückgeblieben.
„Tante Sofia!", sagt Franziska verwundert.
„Warum gehst du nicht weiter?", fragt Fabian.
Franziska deutet mit dem Kopf auf die Frau am Grab.
Einsam und traurig steht sie da.
15 „Wer ist das?"
„Tante Sofia", antwortet Franziska.
„Und wer ist gestorben?"
„Weiß ich nicht."
Etwas stimmt Franziska traurig. Am liebsten würde sie
20 hingehen und Tante Sofia etwas Liebes sagen.
„Na, los", sagt Fabian ...

Hiltraud Olbrich

1 Wer könnte gestorben sein?

2 Am liebsten würde Franziska hingehen und Tante Sofia etwas Liebes sagen. Warum tut sie es nicht?

Martin und die Gänse

Martin lebte schon einige Jahre in Frankreich. Da er
den Menschen half, wo er nur konnte, war er auch über
die Grenzen seines Ortes bekannt.
Als man nun in der Stadt Tours einen neuen Bischof*
5 suchte, wurde Martin vorgeschlagen. Er war aber sehr
bescheiden, deshalb glaubte er, dass er als Bischof
nicht geeignet sei. Er verließ die Stadt und versteckte
sich in einem Gänsestall. Die Menschen suchten
überall, dabei hörten sie das Geschnatter der Gänse.
10 So wurde Martin entdeckt. Dies nahm er als Zeichen
dafür, dass er Bischof werden sollte.

Info

Der heilige Martin wurde im Jahr 316 oder 317 geboren.
Er war zunächst Soldat im heutigen Frankreich. Jesus
soll ihm als Bettler erschienen sein. Deshalb verließ er
das Militär und half den Menschen. Martin wurde am
11. November 397 begraben. Zu seinem Gedenken
finden am 11. November auch Laternenumzüge statt.

ACHTUNG! SPUKZEIT!

In der Nacht, in der Nacht,
wenn der bleiche Mond erwacht,
hört man vor des Schlosses Toren
grässlich grausliches Rumoren*.
5 Eine Stimme zischelt: „Hier!
Schlossgespenster! Folget mir!
Es ist Spukzeit! Aufgewacht!
Horch! Gleich schlägt es Mitternacht!"
Da! Kaum hat es zwölf geschlagen,
10 geht's dem Schlossherrn an den Kragen.
Denn schon flitzen sie herbei
mit Gewimmer und Geschrei!
Flattern wild durch Tor und Fenster —
hundertdreizehn Schlossgespenster!
15 Rumpeln, pumpeln, kichern, keuchen!
Bis sie — hui! — ganz schnell entfleuchen.
Schluss! Die Spukzeit ist vorbei.
(Morgen spuken sie aufs Neu.)

Roswitha Fröhlich

Der schwarze Reiter

Was war das? Paul hob den Kopf vom Kissen und horchte.
Er hörte nichts mehr. Sicher hatte er es sich nur eingebildet.
Paul machte die Augen wieder zu. Ein paar Sekunden später
hörte er es wieder. Ein klapperndes Geräusch, wie von einem
5 Gebiss.

Was raschelte dort in der Ecke des Zimmers?

Paul hörte sein Herz schlagen. Ke – bum, ke – bum,
ke – bum. Immer schneller. Bewegten sich die Vorhänge?
Das Fenster klapperte immer lauter. Die Tür fing an zu
10 quietschen. Irgendetwas fiel zu Boden. Paul konnte nicht
sehen, was. Lachte da jemand?

Plötzlich fiel die Tür ins Schloss. Er hörte Schlüssel klappern.
Das Lachen kam näher. Paul kroch unter das Kissen. Das
Lachen schien von allen Seiten zu kommen. Aus der Wand.
15 Von der Zimmerdecke. Sogar unter seinem Bett wurde
gelacht. Mit einem abscheulichen Schlag klappten die Fenster
auf. Die Vorhänge wurden durch das Zimmer gepeitscht. Ein
eiskalter Wind wehte ins Zimmer.

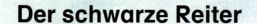

Paul wollte laut schreien vor Angst. Aber kein Ton kam aus
20 seinem Mund. Plötzlich erleuchtete ein heller Blitzstrahl das
Zimmer. Und gleich danach erklang ein ohrenbetäubender
Donnerschlag. Durch das offene Fenster sprang ein
lebensgroßes* Pferd in Pauls Zimmer. Es blieb vor seinem
Bett stehen und bäumte sich hoch auf. Dabei schnaubte es
25 laut.

„Der schwarze Reiter", flüsterte Paul. Er schaute in zwei hohle
Augen. Sie leuchteten giftgrün. Der schwarze Reiter riss mit
einem Zug die Bettdecke zu Boden. Paul spürte den heißen
Atem des Reiters. Mit aufgerissenen Augen starrte Paul ...

Koos Meinderts

1 Auf was könnte Paul starren?

2 Lies im Text nach, wo Geräusche vorkommen.

3 Gestalte mit deinen Mitschülern eine Klanggeschichte.

Das Kind, das nicht an Gespenster glaubte

Es war einmal ein Kind, das glaubte nicht an Gespenster.
Wenn das Kind bei Nacht durch einen finsteren Wald ging
und all die wehenden Schleier sah und die glühenden Augen,
die aufgerissenen feurigen Mäuler und die grausigen

5 Krallenpranken, dann ging es von einem zum andern und
sagte: „Dich gibt es nicht, du bist nur ein dorniger Ast. Dich
gibt es auch nicht, du bist nur ein Tannenzweig, der sich im
Wind bewegt. Dich gibt es auch nicht, du bist nur ein paar
Glühwürmchen!"

Und überhaupt, wer weiß, dass zweiundzwanzig
mal neunzehn vierhundertachtzehn ist,
der glaubt nicht an Gespenster!

10 Da waren die Gespenster natürlich sehr beleidigt.
Eines Abends, als das Kind schon im Bett war, erschien ein
Gespenst in seinem Kinderzimmer.
„Juuhu", schrie das Gespenst, „ich bin da. Komm, spielen wir
was, spielen wir Fürchten!"

15 „Gespenster gibt es nicht", sagte das Kind. „Gespenster sind
nur Einbildung!" „Soo?", sagte das Gespenst.
Am nächsten Tag kam das Gespenst wieder. „Na, was ist",
sagte das Gespenst, „fürchtest du dich vor mir?"
„Es gibt keine Gespenster", sagte das Kind.

20 Von da an wurde das Gespenst richtig gemein.

Martin Auer

1 Von da an wurde das Gespenst richtig gemein.
Wie stellst du dir das vor?

2 Warum waren die Gespenster beleidigt?

3 Siehst du manchmal „Gespenster"? Wie verhältst du dich
dann?

Gespensterwörter

Wie geht es mir?
starr
blass
eiskalt
stumm
bibbern
schwitzen
weglaufen
Herzklopfen

Wer spukt denn da?
Nixe
Hexe
Riese
Vampir
Werwolf
Poltergeist
Die weiße Dame
Der schwarze Reiter
Das Spinnwebkrallenmonster

Wo spukt es denn?
Bett
Burg
Moor
Teich
Höhle
Keller
Friedhof
Dachboden

In Angst und Entsetzen liege ich still.
Kein Zweifel, dass er mich auffressen will.
Da sage ich leise das Zauberwort –
ich öffne die Augen, und schon ist er fort.

Frantz Wittkamp

Ole will kein Niemand sein

V

Die Höhle war groß und war dunkel und war finster. Vielleicht
war sie auch unheimlich. Vielleicht war sie zum Hineingehen.
Vielleicht war sie zum Herauskommen. Sie war offen.
Man konnte nicht so genau wissen, was sie in der Dunkelheit
5 erwartete.
Vielleicht gab es dort Schlabbermäuler.
Schlabberschmatzemäuler.
Schleckerkleckermäuler.
Ganz bestimmt Schleckerklecker.
10 Ganz bestimmt Schlabberschmatze.
Ganz bestimmt Schlabber.
Mäuler.
Vielleicht.
Vielleicht gab es dort Gruselwusel. Und Grapschefratzen.
15 Grapschefratzen mit dreckigen Pelzen, die mit spitzen Krallen
scharrten und kratzten, die fiepten und schrien, weil sie
wütend waren, wütend und ängstlich. Das war oft das Gleiche.
Da gab es nicht immer einen Unterschied.
Vielleicht gab es dort Froschkröten, sechzehn schleimige
20 Froschkröten vom letzten Jahr, mit Warzen am ganzen Körper,
die in einer Wasserpfütze hockten und quakten, weil keiner sie
lieb hatte.

Und ein Gespenst!
Gespenster waren doof.
25 Gespenster waren kindisch.
Wer glaubte schon an Gespenster.
Ole Olsen jedenfalls nicht.
Einmal hatte er ein Gespenst gesehen.
Ein richtig echtes Gespenst.
30 Das war weiß.
Und hatte zwei Löcher als Augen.
Zwei schwarze Löcher.
Zwei Löcher, die blinzelten.
Das waren keine zwei Buchstaben. Das war nicht OO.
35 Das waren keine zwei Zahlen. Das war nicht Null-Null.
Das war Loch-Loch.
Das war Anna …

Øystein S. Ziener

Mehr über Anna und Ole in der Höhle erfährst du in dem Buch
„Ole will kein Niemand sein" von Øystein S. Ziener.

1 Lies nach. Welche Wörter gefallen dir besonders gut?

Das Gespenst mit den roten Augen

Kaum ist der Sommer da, steht die Felizitas auf der Matte. Sie ist meine Cousine und verbringt jedes Jahr ihre Ferien bei uns. Felizitas ist erst acht, zwei Jahre jünger als ich. Glaubt man aber kaum. „Was für ein reifes Mädchen", sagt Mama. Was für
5 eine hochgestochene, blöde kleine Kröte, sag ich. Ach, sie ist ja so toll: Sie kann Rad schlagen, zehnmal hintereinander, fünf Minuten auf dem Kopf stehen und Stepp tanzen wie die Typen in den alten Filmen. Das könnte man vielleicht alles noch aushalten. Aber was mich wirklich fertig macht, das ist
10 Bingo. Bingo ist mein Hund. Und er liebt mich. Aber nicht, wenn Felizitas da ist!
Am ersten Abend liegen wir im Bett, der Regen prasselt ans Fenster und es donnert. „Mollie?", sagt Felizitas. Es klingt ein bisschen bange. „Ja?" „Ich fürchte mich auch nicht im
15 Dunkeln. Du?" „Ich auch nicht. Es gibt ja auch nichts zum Fürchten. Außer dem Gespenst." „Es gibt ja gar keine Gespenster", sagt sie. „Klar gibt's welche", flüstere ich. „Es hat rote Augen, die im Dunkeln glühen. Es wohnt in Papas Hütte im Garten." […] „Da drinnen ist es?", wispert Felizitas.
20 Sie umklammert meine Hand und zusammen schleichen wir übers Gras und rennen zur Hütte. Von der Rückwand her glühen uns zwei rote Augen an, gehen an und aus. Irgendwo schreit auch eine Eule, und das hallt durch den Nachthimmel. Ich hätte es nicht besser planen können. Plötzlich spüre ich
25 die Hand von Felizitas nicht mehr. Ich gucke mich um und da liegt sie der Länge nach im Gras.

A Michael Morpurgo

① Mollie und Felizitas unterhalten sich abends im Bett. Findet die Stellen im Text und spielt das Gespräch nach.

Gespenster

Ich sitz, in tiefem Schlafe liegend,
im Traum an meinem Fenster.
Und mich in diesem Traume wiegend,
was sehe ich? Gespenster.

5 Sie winken still. Sie klopfen leise.
Gespenster wollen immer
dasselbe: nach der langen Reise
in ein warmes Zimmer.

„Ihr seid doch gestern da gewesen,
10 wir sangen hundert Lieder.
Ich hab euch auch was vorgelesen.
Was wollt ihr denn schon wieder?"

„Ich habe Hunger", sagt das eine.
„Ich Durst", sagt Nummer zwei.
15 „Ich kann nicht schlafen so alleine",
lügt langsam Nummer drei.

„Ich muss mir noch die Zähne putzen",
rufen die anderen zehn.
„Und deine Zahnpasta benutzen.
20 Dann können wir gleich gehn."

„Gespenster haben keine Zähne!
Husch, husch, und ab durchs Fenster!"
„Ich muss mal!", flüstert, als ich gähne,
das Letzte der Gespenster.

Hanna Johansen

Familie

Familienwitze

„Peter! Schau doch bitte einmal nach, wie viel
Zahnpasta noch in der Tube ist!"
Langes Schweigen. Dann:
„Ich hab's! Sie reicht vom Waschbecken
über den ganzen Flur bis zum
Fernseher im Wohnzimmer."

Zwillingsbrüder kommen in die Drogerie gestürmt:
„Unser Vater ist in ein Wespennest getreten!"
„Braucht ihr Salbe?"
„Nein, einen Farbfilm!"

Frido und Kaspar helfen beim Umzug.
Kaspar schleppt einen Kleiderschrank.
„Hilft dir eigentlich der Frido nicht mehr?",
erkundigt sich der Vater.
„Doch, doch!", antwortet Kaspar.
„Der sitzt im Schrank und hält die Kleiderbügel."

Die Hempels räumen auf!

Bei den Hempels herrscht wie immer bunte Unordnung.
Normalerweise stört das niemanden. Nur heute, da sie
zusammen einen Kuchen backen wollen – können sie den
Schneebesen* nirgends finden. Und ohne Schneebesen
5 keinen Kuchen! „Vielleicht sollten wir einmal aufräumen",
überlegt die Mutter. „Dabei findet sich oft allerlei."
Bald ist Ordnung in die Küche gebracht. Das Geschirr
abgewaschen und weggeräumt, ja selbst der Fußboden
gefegt. Den Schneebesen finden die Hempels nicht, dafür
10 aber ein _____. „Das gehört doch nicht in die
Küche", wundert sich der Vater. „Das _____ gehört
in ... das Schlafzimmer."
Hier hat offensichtlich ein Wirbelwind getobt. Hüte,
Kleider und Schuhe liegen überall verstreut. Ob sich
15 der Schneebesen irgendwo dazwischen versteckt?
Schnell hat jedes Ding seinen Platz gefunden. Das, was die
Hempels suchen, bleibt leider verschwunden. Stattdessen hat
der Jüngste eine _____ entdeckt. „Was macht
die denn hier?", fragt die Mutter verblüfft. „Die _____
20 gehört doch ... ins Badezimmer."
Ein tolles Durcheinander herrscht hier! Gut, dass die Hempels
jetzt gerade so in Schwung sind, da machen sie sich gleich an
die Arbeit.
Den Schneebesen finden sie nicht,
25 dafür aber einen _____ .
Und der _____ gehört natürlich ... ins Kinderzimmer.

Fernglas

Sandschaufel

Hut

Puppe

Schneebesen

Auch hier gibt es ein herrliches Tohuwabohu*. Doch Vater und Mutter Hempel sind jetzt wirklich zu müde, um noch weiter aufzuräumen. „Ruht euch doch aus", schlagen die Kinder vor.

30 „Das schaffen wir ganz alleine!"

Ein Freudengeheul weckt die Eltern. Der _____!

„Wir haben den _____ gefunden!"

Im Triumph tragen die Hempels ihn dorthin, wo sie ihn so dringend brauchen ... – in die Küche.

35 Jetzt heißt es Eier schlagen, Schokolade zum Schmelzen bringen, den Teig rühren und dabei kräftig naschen. Voll Eifer helfen alle mit, einen riesigen, köstlichen Schokoladenkuchen zu backen. Denn den Kuchen haben sie sich wirklich verdient.

Brigitte Luciani

1 Warum sucht Familie Hempel den Schneebesen?

2 In welchem Zimmer finden sie ihn schließlich?

47

Weißt du, wie lieb Papa dich hat?

Ein Vater,
der hatte einen Sohn.
Der Vater liebte Schachteln.
Große Schachteln, runde Schachteln,
5 winzige Schachteln, riesige Schachteln,
einfach alle Schachteln!
Der Vater sagte seinem Sohn nicht so oft,
wie lieb er ihn hatte.

Aber er bastelte für ihn alles Mögliche
10 aus seinen vielen Schachteln.
Er baute tollste Burgen ... und Flugzeuge, die
immer flogen, ... außer, wenn es regnete, natürlich.
Wenn Freunde zu Besuch kamen,
wimmelte es plötzlich nur so von Schachteln!
15 Mit denen konnten sie spielen ... und spielen ... und spielen.
Die meisten Leute fanden den Vater äußerst merkwürdig.
Aber der Vater und der Sohn fanden das gar nicht schlimm.
Denn sie wussten: Das war eben ihre ganz besondere Art
sich lieb zu haben.

Stephen Michael King

Moritz heißt noch immer Meier

Als Papa zu Hause auszog, wollte Moritz am liebsten die ganze Welt verhauen. Sogar seinen besten Freund. „Musst du denn immer streiten?", sagten alle zu Moritz. „Komm, vertragt euch wieder."

5 Aber sich zu vertragen war schwer. Nicht mal Papa und Mama hatten das geschafft, obwohl Moritz sich solche Mühe gegeben hatte. Weil er nämlich dachte, dass er an allem schuld sei. Doch Mama und Papa sagten beide, dass er überhaupt nichts dafür konnte. Und dass es trotzdem besser

10 war, wenn sie sich trennten.
Seitdem wohnten Mama und Moritz allein in der Lerchenstraße. Das bunte Schild an der Haustür, wo all ihre Namen draufstanden, wurde abgenommen.

15 „Heiße ich denn jetzt nicht mehr Meier?", fragte Moritz.
Mama wuschelte ihm durchs Haar.
„Klar heißt du noch Meier", sagte sie.
„Und wir zwei bleiben hier

20 zusammen. Obwohl du manchmal auch ein bisschen bei Papa wohnst. Wenn du ihn besuchst, meine ich."

Corinna Gieseler

Klar, dass Mama Ole lieber hat

„Kleine Brüder sind das Grässlichste auf der Welt, igitt", sagt
Anna.
Anna ist schon fast sieben und geht in die erste Klasse, aber
Ole ist noch nicht mal vier und gerade in den Kindergarten
5 gekommen und weiß gar nichts von Zahlen und Buchstaben
und dass man stillsitzen muss und große Schwestern nicht
stören darf.
„Geschwister müssen sich lieb haben", sagt Mama, aber
man kann doch wohl keinen lieb haben, der klein und
10 dumm ist und große Schwestern immerzu ärgert.
Der ihnen in der Vorweihnachtszeit heimlich die ganze
Schokolade aus dem Adventskalender isst, zum Beispiel!
Und der absolut nicht in die Küche gehen will oder ins
Wohnzimmer, wenn Annas Freundinnen da sind und sie im
15 Kinderzimmer Verkleiden spielen.
Und wenn er nicht mitmachen darf, wird er böse und steckt
die Zunge raus und tritt mit seinen Hausschuhfüßen und
schleudert die Verkleidesachen durch die Luft.
Und mit Ole schimpft Mama gar nicht! Mit Ole schimpft sie
20 kein einziges Wort, und daran sieht man doch mal wieder,
dass sie ungerecht, ungerecht, ungerecht ist und dass sie
Ole viel lieber hat als Anna.
Das weiß Anna sowieso schon lange, weil
Mama Ole **immer** mehr Pudding auf den
25 Teller tut als Anna, **immer,** auch wenn sie
sagt, es ist ganz genau gleich. Aber Anna
kann ja wohl sehen, was mehr ist!

Klar, dass Mama Anna lieber hat

Wenn man eine große Schwester hat, ist das gar nicht immer
so schön.

„Hau ab, ich mach Hausaufgaben!", sagt Anna.

„Ich muss ja auch Hausaufgaben machen, jawohl!", sagt Ole.

5 Aber Anna schreit, dass er sie gefälligst in Ruhe lassen
soll mit seinem blöden Babygeplapper, und da geht Ole zu
Mama in die Küche und zeigt ihr seinen Zettel. „Ich hab auch
Hausaufgaben gemacht", sagt Ole.

„Fein, mein Schatz", sagt Mama. „Aber du darfst Anna jetzt

10 wirklich nicht stören. Die macht nämlich echte Hausaufgaben."
Als ob Oles Hausaufgaben nicht genauso echt wären!
Nie darf er im Kinderzimmer sein, wenn sie mit ihren
Freundinnen spielt, und von ihren vielen Süßigkeiten gibt sie
ihm auch nie was ab. Und sie sagt immer „du Baby!" zu Ole

15 und „du Wurzelzwerg", und wenn er sich nur mal für eine
winzige Sekunde ihre Sachen ausleiht, schreit sie immer
gleich rum. Und wenn Ole sie dann nur ein klitzekleines
bisschen treten muss, kommt bestimmt Mama angerannt und
schimpft mit ihm.

20 Da ist es ja ganz klar, dass Mama Anna lieber hat als ihn, und
das hat Ole schon immer gewusst. Weil Mama Anna **immer**
mehr Pudding auf den Teller tut als Ole, **immer,** auch wenn
sie sagt, es ist genau gleich. Aber Ole kann ja wohl sehen,
was mehr ist!

Kirsten Boie

Drei Tage

Papa hat mich zu Opa gebracht
und für drei Nächte geküsst.
Das hat ihn ein bisschen traurig gemacht,
weil er mich immer gern um sich wüsst.
5 Aber nun bin ich halt ein Weilchen hier
mit meinem Bären und meiner Puppe
und meinem plüschenen* Affentier,
und Opa kocht uns Gemüsesuppe.
Papa hat vergessen
10 Opa zu sagen, dass ich Suppe nicht mag.
Ob ich es ihm vielleicht selber sag?
Aber vorher hab ich noch eine Frage:
Wie lange dauern denn drei Tage?

Hans und Monique Hagen

Wie der Franz Angstbauchweh hatte

Einmal war der Franz bei seiner Oma zu Besuch. Die Oma
wohnt im Altersheim. Jeden Sonntag besucht der Franz sie.
An diesem Sonntag schien die Sonne und die Oma sagte
zum Franz: „Gehen wir in den Park, ins kleine Kaffeehaus.
5 Du schaust durstig drein."
Das kleine Kaffeehaus ist mitten im Park vom Altersheim.
Der Franz und die Oma setzten sich an einen der drei Tische.
Der Franz trank Himbeerlimonade und aß Schoko-Torte
und erzählte der Oma alle Neuigkeiten, die er wusste. Dass
10 die Mama eine neue Haarfarbe hatte, erzählte er. Dass der
Papa mit dem Hausmeister gestritten hatte, erzählte er. Und
von der Schule, vom unfreundlichen Zickzack, erzählte er
auch. Gerade als der Franz der Oma vormachte, wie der
Zickzack redete, sagte hinter dem Franz eine Männerstimme:
15 „Gestatten, sind die zwei Plätze hier noch frei?" „Sind sie",
sagte Oma.
Der Franz drehte sich um. Hinter
ihm stand der Zickzack und neben
ihm eine alte Frau. Der Franz
20 erschrak ziemlich. „Servus*, Franz",
sagte der Lehrer und setzte sich.
Die alte Frau setzte sich auch. „Sie
kennen meinen Enkel?", fragte die
Oma. „Ich bin sein Lehrer", sagte
25 der Herr Lehrer. „Freue mich, Sie
kennenzulernen, Herr Zickzack", sagte die Oma. Wie hätte
sie auch wissen sollen, dass der Lehrer in Wirklichkeit
Swoboda hieß! Der Franz hatte ihr immer nur vom Zickzack
erzählt. „Fein, dass ich Sie treffe", fuhr die Oma fort. „Wissen
30 Sie, Herr Zickzack ..." Mehr hörte der Franz nicht mehr. Er
grapschte sich den Rest Schoko-Torte vom Teller und flitzte
davon. Ganz rot war er im Gesicht.

A Christine Nöstlinger

Große Tiere – kleine Tiere

Lange Beine, kurze Beine

Lange Beine, kurze Beine.
Allerlei Getier.
Dicke, Dünne, Große, Kleine.
Ganz genau wie wir.

Frantz Wittkamp

Die Schildkröte

Die Schildkröt' geht im Regen gern
spazieren ohne Regenscherm.
Das Wasserspritzen stört sie nicht,
ihr Mantel ist ja wasserdicht.
Sie bleibt zu Haus, auch wenn sie reist,
sie kann, obwohl sie Kröte heißt,
nicht hupfen
und kriegt auch keinen Schnupfen.

Michael Ende

Wer erzieht den kleinen Elefanten?

Wer erzieht den kleinen Elefanten?
Nicht der Vater, sondern nur die Tanten.
Überall begleiten sie den Kleinen
auf den Elefantentantenbeinen.

Wenn Gefahr naht, stellen sie sich weise –
Kopf nach innen – um ihn her im Kreise,
sodass Feinde im Vorübergehen
nur die Elefantenhintern sehen.

 James Krüss

Aus dem Tagebuch einer Ameise

Montag

Das weiß ich

Wir Ameisen sind winzig. Unser Gehirn ist noch winziger. Es hat nicht viel Platz zum Lernen, aber wir wissen von Geburt an alles, was wir brauchen.
Pause vorbei – ich muss wieder los.

Das bin ich

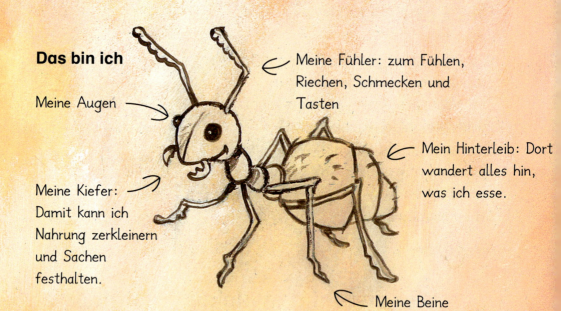

Meine Augen

Meine Fühler: zum Fühlen, Riechen, Schmecken und Tasten

Mein Hinterleib: Dort wandert alles hin, was ich esse.

Meine Kiefer: Damit kann ich Nahrung zerkleinern und Sachen festhalten.

Meine Beine

Hier lebe ich

Ich habe wieder Pause und kann über unser Nest schreiben. Es ist groß und hat viele Tunnel und Kammern. Das Dach ist groß und hart und flach. Drinnen fühlen wir uns wohl – es ist dunkel, kühl und feucht! Wir haben alle unsere Wege wie eine Art Straßenkarte im Kopf.
Ich war noch nie draußen. Aber wenn ich bald Sammlerin werde, darf ich nach draußen. AUFREGEND!

Dienstag, Mittwoch: Keine Zeit zum Eintragen.

Donnerstag

Besuch bei der Königin

Ich habe gerade die Königin gesehen! Die Königin ist riesig!
Sie hat nur die eine Aufgabe: Eier zu legen. Und damit hat sie
viel zu tun. Sie liegt in ihrer Kammer und legt Dutzende* von
Eiern pro Stunde. Ich musste die Eier heute ins Kinderzimmer
bringen. Letztes Mal durfte ich die Königin füttern. Vielleicht
darf ich nächstes Mal ihren Kot wegräumen. Das ist eine Ehre!

Freitag

Kindheit

Heute musste ich die Kinderzimmer kontrollieren. Das hat
mich daran erinnert, wie mein Leben im Eier-Kinderzimmer
1 A anfing. Ich war ein kleines, rundes und cremig-weißes Ei.
Dann wurde ich zu einer Larve* und hatte immer Hunger! Wir
Larven verwandelten uns damals in sogenannte Puppen*.
Ich weiß nicht viel darüber. Ich habe wohl einfach geschlafen
und nichts mehr gegessen.
Endlich war ich eine erwachsene Ameise.

Steve Parker

Info

Es gibt über eine Million verschiedene Insekten.
Die größten Insekten sind Schmetterlinge (25 cm Flügel-
Spannweite), Gespenstheuschrecken (30 cm lang) und
Goliath-Käfer (100 Gramm schwer).
Andere Insektenarten sind Ameisen, Bienen, Grashüpfer,
Grillen, Libellen, Ohrwürmer, Wanzen und Flöhe.

Tiere in Not

Nicht selten geraten Tiere in Not und müssen gerettet werden.
Zum Beispiel wenn eine Katze auf einen hohen Baum klettert
oder ein neugieriger Hund in einer Röhre stecken bleibt.
Manchmal ist aber auch das Wetter schuld daran, dass Tiere
5 in Not geraten.
Mitten im Winter wurde es warm und ein Igel machte sich
auf den Weg, Futter zu suchen. Doch davon gab es noch
nicht genug. Eine Familie fand in ihrem Garten den völlig
abgemagerten Igel. Er war schon ganz schwach und ließ sich
10 leicht davontragen. Doch wohin mit ihm? Was frisst so ein
Tier? Wie gut, dass die Familie auf die Idee kam, einen
Tierarzt um Rat zu fragen.
Der Tierarzt setzte den
kleinen Igel auf eine Waage.
15 Er wog nur noch 200 Gramm,
viel zu wenig um den Rest
des Winters schlafend zu
überstehen. Die Familie
wollte sich gern um den Igel
20 kümmern und erhielt eine
Liste mit Dingen, die ein Igel
frisst: Katzenfutter, Eier (hart gekocht oder als Rühreier ohne
Gewürze), kurz angebratenes Rinderhackfleisch, abgekochte
Nudeln und Kartoffeln (ohne Salz) und Haferflocken. Sie
25 sollten ihn in einer Kiste mit Laub in den Keller bringen.
Täglich musste er dort mit Futter und Wasser versorgt werden.
Im April, als es im Garten wieder Futter für den Igel gab,
ließen sie ihn wieder laufen.

1 Was bekommt der Igel zu fressen?

2 Auch Igelstationen kümmern sich um hilflose Igel. Finde
heraus, wo es eine solche Station in deiner Nähe gibt.

Beim Tierarzt

Jeden Tag kommen Kinder mit ihren Tieren zum Tierarzt oder zur Tierärztin. Nicht immer sind die Tiere krank. Manchmal fragen die Kinder nur nach dem richtigen Futter für ihre Tiere, lassen sie impfen oder zu lang gewachsene Krallen

5 schneiden.

Katrin ist mit ihrem Hamster bei der Tierärztin: „Warum hat mein Hamster so rote Augen?"
Die Tierärztin antwortet: „Hinter roten Augen steckt meistens eine Entzündung, vielleicht hat er Zugluft bekommen oder er

10 hat auf ein neues Käfigstreu allergisch* reagiert."

Marius ist mit seiner Schildkröte gekommen und will wissen, welches Futter am besten für sie ist.
Die Tierärztin erklärt: „Europäische Landschildkröten wie dein Purzel werden im Sommer mit Löwenzahn, im Winter und in

15 den Übergangszeiten beispielsweise mit Endivien-, Eisberg- und Feldsalat gefüttert. Sie dürfen auch Äpfel, Bananen, Erdbeeren und Tomaten fressen. Am besten schreibe ich dir einen genauen Ernährungsplan. Es ist gar nicht so leicht, das richtige Futter für Schildkröten zusammenzustellen."

20 Tamara fragt: „Goldi ist in einem runden Goldfischglas. Ich möchte wissen, wieso Goldi immer am Rand des Glases entlang schwimmt?"
Die Tierärztin weiß auch hier eine Antwort: „Dein Goldfisch möchte weiter schwimmen, als das Glas groß ist, deshalb

25 schwimmt er ständig am Rand entlang. Es könnte auch sein, dass er sich langweilt. Am besten wäre es, wenn du ein Aquarium für ihn einrichten könntest. Am Boden sollten Kieselsteine liegen und Wasserpflanzen dürfen auch nicht fehlen."

MEIN GELBER HUND

```
                                              KopfKopf
                    KörperKörperKörper      pf        ko
          Schwanz gelb    Körper          Ko  AUGE  pf      schnüffel
       b        gelb gelb  Körper            O        Nase    schnüffel
       l          g        Körper          r           Nase    schnüffel
       e          e        Körper          e         H
       g          l        Körper          p         R  Kopf
       b          b        Körper          r
       l                   Körper          ö              sabber
   wedel     e             KörperKörperKörper   K            sabber
   wedel   g                  Bein           Bein              sabber
   wedel                   Bein Bein      Bein Bein
                              Bein           Bein
                           Bein              Bein
                           Bein              Bein
                           Bein              Bein
                              Pfote          Pfote
```

Mein gelber Hund
ist mir überallhin
gefolgt,
er war immer dabei,
5 wedelte mit dem Schwanz,
und der Sabber
tropfte ihm
aus der Schnauze,
und er grinste
10 immer zu mir
rüber,
als würde er
sagen:

Danke-danke-danke,
15 dass du mich genommen hast,
und er sprang an mir hoch und legte
die strubbligen, knubbligen Pfoten
auf meine Brust,
als wollte er mich
20 wie verrückt
umarmen.

Jack (Sharon Creech)

Vorsicht, Hund!

Peter besucht Jan zum ersten Mal. Doch an der Haustür bekommt er einen Riesenschreck: Jans Familie hat einen Hund! Peter hat große Angst vor Hunden. Deshalb rennt er zum Auto zurück und fährt mit Papa nach Hause.

5 Am nächsten Tag ist Jan beleidigt. In der Schule spricht er kein einziges Wort mit Peter.
Nachts träumt Peter von Jans Hund. Er ist ein riesiges Monster. Mit seinen scharfen Zähnen zerfetzt er Zeitungen und Spielzeug. Nie mehr will Peter zu Jan gehen.

10 Als Jan in der Schule fehlt, sagt die Lehrerin zu Peter: „Bringst du Jan bitte die Aufgaben?" Alle Kinder sehen Peter an. Peter zögert. Doch dann sagt er mutig: „Ja."
Zu Hause setzt sich Peter Opas Motorradhelm auf. Er zieht Papas Lederjacke und dessen Boxhandschuhe an. So fühlt

15 er sich sicher.
Jans Mutter öffnet Peter die Tür. Sie staunt über den merkwürdigen Besuch. Peter marschiert ins Haus.
Zum Glück ist kein Hund zu sehen. Nur Jans Geschwister.
Jan liegt krank in seinem Bett. Auf dem Teppich sitzt der Hund.

20 Peter bleibt still stehen. Da kommt der Hund auf Peter zu.
Doch er schnuppert nur an Peters Schuhen. Der Hund wedelt mit seinem Schwanz. Peter streicht ihm vorsichtig über den Rücken. Jan lacht und sagt: „Unser Hund mag dich, Peter. Obwohl du so komisch aussiehst."

Petra Fietzek

1 Wie zeigt der Hund, dass er Peter mag?

2 Hast du auch schon mal Angst vor einem Hund gehabt?
Warum?

Freda und die Fische

„Heute wollen wir mal über Haustiere reden", kündigt Frau
Engel zu Beginn der Sachkundestunde an. „Ich habe nämlich
eine Überraschung für euch. Jemand hat uns ein Geschenk
gemacht. Es ist ungefähr einen Meter lang, fünfzig Zentimeter
5 hoch und dreißig Zentimeter tief –".
„Ein Aquarium?", schreit Kiki.
„Richtig! Wir haben ein Aquarium geschenkt bekommen.
Wir müssen aber natürlich gut für die Fische sorgen. Dazu
gehört ein Wochenplan, wer mit Füttern und Futterkaufen und
10 Aquariumsaubermachen dran ist."
„Was sind da denn für Fische drin?", fragt Felix. „Alle Arten
kenne ich noch nicht", antwortet Frau Engel. „Aber ich kann dir
schon sagen, dass auf jeden Fall Neonfische, Guppys, Black
Mollys und Miniwelse dabei sind."
15 Am nächsten Tag wird das Aquarium in die Klasse gebracht.
Gespannt sehen die Kinder zu, wie Frau Engel das Futter auf
die Wasseroberfläche streut und wie die Fische dann
hochgeschossen kommen und danach schnappen.
Nur die beiden kleinen Welse schwimmen unten in der
20 Nähe des Sandbodens herum und fressen, was runterfällt.
„Ich finde die Neons am hübschesten." Karen seufzt. „So
schöne Farben." „Ffft, aber nur die Männchen", sagt Freda
abfällig. „Die Weibchen sehen total langweilig aus."
„Mir gefallen die Mollys am besten", erklärt Freda. „Schaut
25 mal, die tun so, als ob ihnen das Aquarium gehört. So richtig
stolz und vornehm schwimmen die rum."
In den nächsten Tagen streiten sich die Kinder darum,
wer füttern darf, denn alle finden es toll, wenn die Fische
angesaust kommen und nach den winzigen Krümeln
30 schnappen.

Nina Schindler

1 Wie heißen die Fische im Aquarium?

Große und kleine Wale

Wale sind keine Fische, auch wenn sie großen Fischen ähnlich sehen. Es sind Säugetiere wie die Maus oder die Kuh. Fische haben Schuppen. Wale und Delfine dagegen haben eine glatte Haut. Fische schlüpfen aus Eiern. Wale
5 und Delfine, so nennen wir kleine Walarten, bringen lebende Jungen zur Welt. Fische atmen im Wasser mit Kiemen. Wale und Delfine dagegen haben Lungen wie ein Mensch. Sie können unter Wasser nicht atmen. Zum Luftholen müssen sie immer wieder auftauchen. Durch das Blasloch oben am Kopf
10 atmen sie Luft ein. Dann tauchen sie ab. Wale können bis zu einer Stunde unter Wasser bleiben. Und sie können viele hundert Meter tief tauchen. Wenn sie wieder an die
15 Oberfläche kommen, atmen sie aus. Dann spritzt ein Dampfstrahl in hohem Bogen aus ihrem Blasloch. An diesem Strahl kann man Wale von

20 Weitem erkennen und voneinander unterscheiden. Es gibt achtzig verschiedene Arten von Walen und Delfinen. Der größte Wal ist der Blauwal. Er wird so lang wie ein Flugzeug und so schwer wie dreißig Elefanten. Er ist das größte lebende Säugetier auf der Erde.

Hans Peter Thiel

1 Suche die fehlenden Wörter oben im Text:
Durch das ? oben am Kopf atmen sie Luft ein.
Es gibt ? verschiedene Arten von Walen und Delfinen.

2 Im Lexikon, in Sachbüchern und im Internet findet ihr noch mehr Informationen über Wale und Delfine. Ihr könnt eine Ausstellung gestalten und verschiedene Walarten vorstellen.

Winter

Der Winter

Die Pelzkappe voll mit schneeigen Tupfen,
behäng ich die Bäume mit hellem Kristall.
Ich bringe die Weihnacht und bringe den Schnupfen,
Silvester und Halsweh und Karneval.
Ich komme mit Schlitten aus Nord und Nord-Ost.
– Gestatten Sie: Winter. Mit Vornamen: Frost.

Mascha Kaléko

Die Erfindung des Adventskalenders

Vor etwa einhundert Jahren, im Jahr 1908, wurde der erste
Adventskalender gedruckt und verkauft.
Es wird erzählt, dass der kleine Gerhard Lang es absolut*
nicht mehr ausgehalten hätte, bis Heiligabend zu warten.
5 Ungeduldig quengelte und drängelte er. Gerhards Vater
war Pfarrer und Gerhards Mutter war offensichtlich eine
kluge Frau. Deshalb bastelte sie ihm schließlich aus Pappe
und Lebkuchen einen Wartekalender. Gerhard wurde groß
und erinnerte sich an die Idee seiner Mutter und vielleicht
10 auch an seine eigene Ungeduld. Und so ließ er eine mit
vierundzwanzig Zahlen versehene Pappe drucken, auf
die die Kinder im Laufe des Advents vierundzwanzig
Engelglanzbilder kleben konnten. Der erste
Adventskalender, den man im Geschäft kaufen konnte,
15 war also ein Sticker-Adventskalender.
Im Laufe der Jahre entwickelte Gerhard Lang den
Adventskalender mit Fenstern und Bildern dahinter. Den
ersten Schokoladen-Kalender gab es dann vor etwa fünfzig
Jahren.

Adventskalender von 1908 mit aufgeklebten
Engelglanzbildern

Nikolaus, du guter Mann,

hast einen schönen Mantel an.
Die Knöpfe sind so blank geputzt,
dein weißer Bart ist gut gestutzt,
die Stiefel sind so spiegelblank,
5 die Zipfelmütze fein und lang,
die Augenbrauen sind so dicht,
so lieb und gut ist dein Gesicht.

Du kamst den weiten Weg von fern,
und deine Hände geben gern.
10 Du weißt, wie alle Kinder sind:
Ich glaub, ich war ein braves Kind.
Sonst wärst du ja nicht hier
und kämest nicht zu mir.
Du musst dich sicher plagen,
15 den schweren Sack zu tragen.
Drum, lieber Nikolaus,
pack ihn doch einfach aus.

Nikolausdenkmal in Demre

Info

In der türkischen Stadt Myra, die heute Demre heißt, lebte vor langer Zeit ein Bischof*. Sein Name war Nikolaus. Er half vielen Menschen, aber vor allem Kindern, wenn sie in Not waren.
An einem 6. Dezember soll er gestorben sein. Zur Erinnerung stellen die Kinder am Vorabend des Nikolaustages ihre geputzten Stiefel auf, damit sie mit Süßigkeiten gefüllt werden.

Liebes Christkind

Liebes Christkind, hast du schon
irgendwo ein Telefon?
Ich bin nicht sehr stark im Schreiben,
drum lass ich's lieber bleiben.
5 Schreiben ist so eine Sache,
weil ich viele Fehler mache.
Und wenn wir telefonieren,
kann mir so was nicht passieren.
Leider hab ich einen Kummer:
10 Nirgendwo steht deine Nummer.
Weil ich sie nicht finden kann,
ruf doch du mich bitte an!

Bernhard Lins

An
das Christkind
21709 Himmelpforten

An
das Christkind
97267 Kirchplatz 3
Himmelstadt

An
das Christkind
51766 Engelskirchen

1 Das Christkind hat noch immer kein Telefon. Nun musst du
doch schreiben! Gestalte deinen Wunschzettel und schicke
ihn an eine der Adressen.

Anna wünscht sich einen Hund

Jedes Jahr denkt Anna: Dieses Jahr kriege ich einen Hund
zum Geburtstag. Und wenn sie keinen bekommt, denkt sie:
Aber zu Weihnachten kriege ich bestimmt einen Hund.
Es ist wieder Weihnachtszeit und Anna ist ganz sicher: Sie
5 wird einen Hund bekommen. Dieses Jahr ganz sicher. Ganz,
ganz bestimmt. Auf ihrem Wunschzettel steht, dass sie sich
einen Hund wünscht.

Sie kann warten bis Weihnachten. Sie wartet ja schon so
lange. Anna überlegt, wo sie den Hund verstecken. Letztes
10 Jahr haben sie die Geschenke im Schrank versteckt. Aber
einen Hund kann man da nicht verstecken. Ein Hund bellt,
wenn man ihn im Schrank versteckt. Das würde Anna
hören. Es wäre keine Überraschung mehr. Einen Hund
kann man auch nicht einpacken. Dann bekommt er keine
15 Luft mehr.
Am Tag vor Weihnachten sagt Mama zu Anna: „Geh bis
morgen nicht in den Keller!" Anna muss lachen. Im Keller
ist kein Hund. Das weiß sie. Ein Hund würde bellen. Das
würde Anna hören. Aber vielleicht stehen im Keller der
20 Hundekorb und der Fressnapf und die Leine liegt dabei.
Anna geht nicht in den Keller. Anna kann warten, bis
sie ihren Hund bekommt. Jetzt muss sie nur noch einen
einzigen Tag warten. …

Bettina Obrecht

1 Wie könnte die Geschichte zu Ende gehen?

Wenn du wissen möchtest, ob Anna tatsächlich ihren Hund
bekommt, kannst du in dem Buch von Bettina Obrecht
„Anna wünscht sich einen Hund" weiterlesen.

V

Weihnachten im Stall

An einem Abend vor langer Zeit, da kamen ein Mann und
eine Frau in der Dunkelheit ihres Weges daher. Sie waren
weit gewandert, und darum waren sie müde und wollten
schlafen, wussten aber nicht, wo. Überall auf den Höfen
5 waren die Lichter erloschen. Die Menschen schliefen dort
schon, und keiner kümmerte sich um die Wanderer, die
noch unterwegs waren.
Dunkel und kalt war es an diesem Abend vor langer Zeit.
Kein Stern leuchtete am Himmel. Da fanden die Wanderer
10 am Weg einen Stall. Der Mann öffnete die Tür und
leuchtete mit seiner Laterne hinein. Ob dort drinnen wohl
Tiere waren? Denn wo Tiere schlafen, da ist es warm, und
die beiden Wanderer froren und waren müde.

Ja, im Stall waren Tiere, und sie schliefen schon. Doch als
15 sie die Tür knarren hörten, erwachten sie und sahen die
Wanderer eintreten. Und sie sahen die Frau dort stehen im
Lichtschein der Laterne.
Aber warum die Frau zu so später Stunde in ihren Stall
gekommen war, das wussten die Tiere nicht.
20 Vielleicht spürten sie aber, dass die Frau fror und dass sie
müde und hungrig war.
Vielleicht spürte es das Pferd, als die Frau ihre kalten Finger
unter seine Mähne* schob, um sie zu wärmen.
Vielleicht spürte es die Kuh, als die Frau sie melkte und ihre
25 gute, warme Milch trank.
Vielleicht spürten es auch die Schafe. Denn als die Frau sich
zum Schlafen auf das Stroh niederlegte, scharten sie sich
um sie und wärmten sie. Dann senkte sich die Nacht still
über den Stall und über alle, die darin waren.
30 Als die Nacht aber am dunkelsten war, da erklang in der
Stille der erste Schrei eines neugeborenen Kindes. Und zur
selben Stunde flammten am Himmel alle Sterne auf.

A Astrid Lindgren

Januar, Februar, März, April, die Jahresuhr steht niemals still.

Die Jahresuhr

Mai, Juni, Juli, August, weckt in uns allen die Lebenslust. September, Oktober, November, Dezember,

Mai, Juni, Juli, August, ... an: Januar, Februar, März, April, die Jahresuhr steht niemals still. Mai, Juni, Juli, August, ...

Rolf Zuckowski

und dann, und dann fängt das Ganze schon wieder von vorne

Eine Woche voller Samstage

So saß es auf dem Boden, hatte mit dem Singen aufgehört
und schaute frech von einem zum anderen.

„Das ist kein Tier, so viel steht fest", sagte ein Mann aus
der Menge. „Sonst könnte es nicht reden."

5 „Wollen Sie vielleicht behaupten, dass es ein Kind ist?",
fragte ein anderer.

„Nein, ein Kind ist es auch nicht."

„Vielleicht kommt es vom Mars? Ein Marsmensch!"
Sofort begann das Lebewesen, von dem die Rede war,

10 auf dem Boden herumzuhüpfen.

„Wenn du uns nicht sagen willst, wer du bist, dann werden
wir eben die Polizei holen."

„Die Polizei!", sagte das kleine Wesen. „Ihr glaubt doch
nicht, dass die Polizei weiß, wie ich heiß."

15 „Aber ich weiß es vielleicht", platzte Herr Taschenbier
heraus. Mit einem Mal war ihm ein Gedanke gekommen.
Wie war das doch gewesen: Am Sonntag Sonne, am Montag
Herr Mon, am Dienstag Dienst, am Mittwoch Wochenmitte,
am Donnerstag Donner, am Freitag frei – und heute war

20 Samstag.

Am Samstag Sams! Das war's!

„Du bist bestimmt ein Sams!", sagte er entschieden.

„Wie hast du das herausgefunden? Woher weißt du, dass
ich ein Sams bin?", fragte es kleinlaut.

25 „Man muss nur logisch denken können – wie ein
Privatdetektiv", sagte Herr Taschenbier und sah sich
stolz um.

Da geschah etwas Unerwartetes: Das Sams kletterte
geschwind wie ein Äffchen an Herrn Taschenbier hoch,

30 kuschelte sich in seinen Arm und sagte: „Ja, mein Papa kann
logisch denken. Ihr nicht." Dann steckte es den Daumen in
den Mund und begann schmatzend daran zu lutschen.

Paul Maar

Die Zeit vergeht

Warte

Warte auf mich. Nicht so schnell.
Immer lässt du mich zurück.
Kaum bist du vor mir verschwunden,
habe ich dich schon wieder hinter mir.
Ich komme mir so langsam vor.
Halt, ich will mit dir reden.
Bleib doch mal.
Das geht nicht,
sagte der große zu dem kleinen Zeiger.

Jürgen Spohn

Wochentage

Kohltag
Miestag
Schittwoch
Knorrerstag
Schreitag
Ramschtag
Grolltag

Wolfgang Menzel

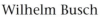

Eins, zwei, drei! Im Sauseschritt
läuft die Zeit; wir laufen mit.

Wilhelm Busch

Rätsel

Sie kann verrinnen, verfliegen, vergehen.
Opa sagt: Sie heilt alle Wunden.
Oft nützen wir sie,
oft schlagen wir sie tot.
Viele Menschen haben keine.
(tieZ)

Gerda Anger-Schmidt

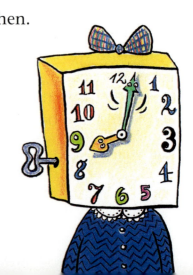

Die Uhr meiner Großmutter

Im Haus meiner Großmutter gibt es eine große alte
Standuhr. Doch diese Uhr geht nicht, ihre Zeiger bewegen
sich nie. Ihr solltet die Uhr reparieren lassen, sagte ich.
Warum, erwiderte Großvater, zweimal am Tag zeigt sie die
5 richtige Zeit an! Warum, erwiderte Großmutter, wenn ich
so viele andere Uhren habe, die mir die Zeit anzeigen. Ich
schaute mich um. Es gab keine anderen Uhren im Haus
meiner Großmutter. Da sagte Großmutter, ich könnte die
Sekunden an meinem Herzschlag zählen. Hast du schon
10 bemerkt, dass die Sekunden schneller schlagen, wenn das
Leben aufregend ist?
Eine Minute ist so lange, wie man braucht, um einen
Gedanken zu denken und in Worte zu fassen.
Eine Stunde ist die Zeit, die das Badewasser braucht, um kalt
15 zu werden ...

Jeden Morgen wecken mich die Vögel mit ihrem
Morgenlied.
Jeden Abend schaue ich aus dem Fenster, dann geben die
Lichter in den anderen Häusern den Schiffen auf See die
20 Signale:
Gehen sie an, ist es Zeit fürs Abendessen –
gehen sie aus, ist es Zeit für die Nachtruhe.
Du weißt, dass ein Tag vorüber ist, wenn deine Mutter dir
den Gutenachtkuss gibt.

Geraldine McCaughrean

1 Was könnte in deinem Leben eine Sekunde, eine Minute
oder eine Stunde dauern?

Am einunddreißigsten Februar

Am einunddreißigsten Februar
wird schwarze Tinte wie Wasser klar,
die Schnecken gewinnen gegen die Hasen
beim Wettlauf auf dem Stadionrasen,
5   aus Mauselöchern kommen Elefanten,
zur Schule gehen statt der Kinder die Tanten,
und Stühle gehen auf allen vieren
neben dem Zebrastreifen spazieren,
ein Bus sagt auf dem Gemüsemarkt
10   zu zwei Polizisten: „Hier wird nicht geparkt!"
Verkehrsschilder suchen sich ein Versteck,
im Supermarkt laufen die Kassen weg,
das Rathaus bekommt ein Nasenstüber,
es geht eben alles drunter und drüber –
15   denn faustdicke Lügen werden wahr
am einunddreißigsten Februar.

Hans Baumann

1   Welches ist denn die Lüge, die alles erst möglich macht?

2   Was kann noch alles drunter und drüber gehen?

Tierkarneval

Der Dromefant, der Dromefant trägt Tante Mias

Nachtgewand, fiderallala.

Die Kakamaus . . . putzt sich als Donald Duck heraus.

Der Leobär . . . der kommt im Minirock daher.

5 Den Elegei . . . den schmückt als Hut ein Straußenei.

Der Grizzlyfisch . . . bemalt mit Lippenstift sich frisch.

Das Papadil . . . hat Bauchweh, denn es frisst zu viel.

Der Krokofink . . . trägt einen goldnen Nasenring.

Das Disteltier . . . spielt das elektrische Klavier.

10 Das Murmeldar . . . trägt Sauerkraut-Spaghettihaar.

Der Flederdu . . . der knöpft sich den Pyjama zu.

Der Tintenpard . . . bekleckst die Kakamäusin zart.

Das Schwalbenschwein . . . tanzt ganz allein auf

einem Bein.

15 Der Stachelschwanz . . . pikst alle frech beim Tangotanz.

A Christa Zeuch

1 Ihr könnt den Tierkarneval nach der Melodie von „Ein Vogel wollte Hochzeit machen" singen.

2 Die Tiere haben die Silben ihrer Namen vertauscht. Finde heraus, wie sie richtig heißen. Mit Papier und Stift geht es leichter.

Lied der Eiszapfen

Eis
zapfen
zapfen
zapfen
Eis
Zapfen
Zapfen
Eis
Zapfen
Zapfen

klink –

Tropfen
Tropfen
Tropfen
Eis
Tropfen
Tropfen
Eis
Tropfen
Tropfen
Eis

ping –

Zapfen
Zapfen
Zapfen
Eis
Zapfen
Zapfen
Eis
Zapfen
Zapfen
Eis

spring

Eis
zapfen
tropfen
Eis
zapfen
tropfen
Eis
zapfen
tropfen
tropfen
tropfen
Tropfen

blink ...

Friedl Hofbauer

1 Ihr könnt das „Lied der Eiszapfen" auch als Klanggedicht
gestalten. Dabei könnt ihr Instrumente einsetzen.

Schneeglöckchen

„Schneeglöckchen, ei, bist du schon da?
Ist denn der Frühling schon so nah?
Wer lockte dich hervor ans Licht?
Trau doch dem Sonnenscheine nicht!"

Wohl gut er's eben heute meint,
Wer weiss, ob er dir morgen scheint?
„Ich warte nicht, bis alles grün;
Wenn meine Zeit ist, muss ich blühn."

Hugo von Hofmannsthal

Märchenreise

Eine Zauberin sagte einmal zu mir:
Wünsch dir nur was, du hast Glück
und ich zaubere dich, wohin du nur willst,
auch in ganz ferne Zeiten zurück.

5 Ich wollte zurück in die Märchenzeit
und bekam einen Hexenbesen.
Ich sauste kopfüber in jene Welt,
wo die Märchen noch wahr gewesen.

Ich trug einen Rock aus grünem Samt
10 und rote Blumen im Haar.
Ich ritt durch einen Zauberwald,
wo ich Licht in der Ferne sah.

Fredrik Vahle

Der goldene Schlüssel

Zur Winterzeit, als einmal tiefer Schnee lag, musste ein
armer Junge hinausgehen und Holz auf einem Schlitten
holen. Wie er es nun zusammengesucht und aufgeladen
hatte, wollte er, weil er so erfroren war, noch nicht nach
5 Hause gehen, sondern erst Feuer anmachen und sich ein
bisschen wärmen. Da scharrte* er den Schnee weg, und
wie er so den Erdboden aufräumte, fand er einen kleinen,
goldenen Schlüssel. Nun glaubte er, wo der Schlüssel
wäre, müsste auch das Schloss dazu sein, grub in der Erde
10 und fand ein eisernes Kästchen. „Wenn der Schlüssel
nur passt!", dachte er. „Es sind gewiss kostbare Sachen in
dem Kästchen." Er suchte, aber es war kein Schlüsselloch
da, endlich entdeckte er eins, aber so klein, dass man es
kaum sehen konnte. Er probierte, und der Schlüssel passte
15 glücklich. Da drehte er einmal herum, und nun müssen
wir warten, bis er vollends aufgeschlossen und den Deckel
aufgemacht hat, dann werden wir erfahren, was für
wunderbare Sachen in dem Kästchen lagen.

Brüder Grimm

1 Wo fand der Junge den goldenen Schlüssel?

2 Welche wunderbaren Sachen könnten in dem Kästchen
gelegen haben?

Die Brüder Grimm

Jacob und Wilhelm Grimm
waren Brüder. Sie lebten vor
ungefähr 200 Jahren. Damals
gab es noch kein Fernsehen. Die
5 Menschen erzählten sich
stattdessen gerne Geschichten
und Märchen. Damit diese nicht
vergessen werden, schrieben die
Brüder Grimm die Märchen auf
10 und sammelten sie in Büchern.
Die Bücher nannten sie „Kinder-
und Hausmärchen". Viele der
Märchen aus diesen Büchern
kennst du.

1 Warum sammelten Jacob und Wilhelm Grimm Märchen?

2 Schaue in Märchenbüchern nach, welche Märchen von den
Brüdern Grimm gesammelt wurden.

3 Gestaltet eine Ausstellung zu den Brüdern Grimm und
ihren Märchen.

Info

Jacob und Wilhelm Grimm wurden in der Stadt Hanau
geboren. Ein großes Denkmal* auf dem Marktplatz der Stadt
erinnert daran. Im Schlosspark von Hanau finden jedes
Jahr zwischen Mai und Juli die Märchenfestspiele statt.
Verschiedene Märchen der Brüder Grimm werden auf einer
Bühne im Freien als Theaterspiele oder Musicals*
aufgeführt. Viele tausend Kinder kommen jedes Jahr zu
diesen Festspielen.

Die Prinzessin auf der Erbse

V

Es war einmal ein Prinz, der wollte eine Prinzessin heiraten,
aber es sollte eine richtige Prinzessin sein. Er reiste um die
ganze Welt, um so eine zu finden, aber an jeder hatte er
etwas auszusetzen.

5 Prinzessinnen gab es genug; aber ob es auch richtige
Prinzessinnen waren, konnte er nicht herausbekommen.
Immer gab es da etwas, was nicht ganz stimmte. So kam er
wieder nach Hause und war traurig, denn er wollte so gern
eine richtige Prinzessin haben.

10 Eines Abends zog ein schreckliches Unwetter herauf; es
blitzte und donnerte, und der Regen strömte hernieder*,
es war ganz fürchterlich! Da klopfte es an das alte Stadttor,
und der König ging hin, um zu öffnen. Draußen vor dem
Tor stand eine Prinzessin.

15 Aber, oje, wie sah die von dem Regen und dem Unwetter
aus! Das Wasser lief ihr an Haaren und Kleidern herunter,
es lief ihr zu den Schuhspitzen hinein und zu den Absätzen
wieder heraus. Und trotzdem sagte sie, dass sie eine
wirkliche Prinzessin sei.

20 „Nun, das werden wir schon noch herausbekommen!",
dachte die alte Königin, aber sie sagte nichts. Sie ging
in die Schlafkammer, nahm alles Bettzeug weg und legte
eine Erbse auf den Boden des Bettgestells. Dann nahm
sie zwanzig Matratzen, legte sie auf die Erbse und darauf

25 noch einmal zwanzig Federbetten. Darauf sollte nun die
Prinzessin in der Nacht schlafen.
Am Morgen wurde sie gefragt, wie sie geschlafen habe.
„Oh, schrecklich schlecht!", sagte die Prinzessin. „Ich habe
fast die ganze Nacht kein Auge zugetan! Der Himmel weiß,

30 was in dem Bett gewesen ist! Ich habe auf etwas Hartem
gelegen, sodass ich am ganzen Körper blaue Flecken habe!
Es ist ganz schrecklich!"

Nun wussten sie, dass sie eine richtige Prinzessin war, weil
sie durch zwanzig Matratzen und zwanzig Federbetten
35 hindurch die Erbse gespürt hatte. So empfindlich konnte
nur eine wirkliche Prinzessin sein.
Da nahm der Prinz sie zur Frau, denn nun wusste er, dass er
eine richtige Prinzessin gefunden hatte. Und die Erbse kam
in die Kunstkammer*, wo sie heute noch zu sehen ist, wenn
40 niemand sie weggenommen hat.
Seht, das war eine wahre Geschichte!

 Hans Christian Andersen

1 Die Prinzessin wird gefragt, wie sie geschlafen habe. Lies
ihre Antwort vor.

2 Warum wurde der Prinzessin eine Erbse ins Bett gelegt?

3 Wie würdest du die Prinzessin beschreiben? Sammle
Eigenschaftswörter.

Altneues Märchen

Es war einmal eine Prinzessin …
Halt!, rief die,
hört auf mit den alten Sachen,
womöglich mit einem Drachen,
5 der Königstöchter verspeist,
sowie drei Prinzen,
die, von weither angereist,
mit ihm fochten,
wobei ihn zwei
10 nicht zu töten vermochten.
Wenn das Ungetüm
denn schon besiegt sein muss,
kann ich das selber machen.

Hans Manz

1 Lies das Gedicht so, dass man die Stärke der Prinzessin deutlich hört.

2 Stell dir vor, die Prinzessin aus dem Gedicht trifft die Prinzessin auf der Erbse. Was sprechen sie miteinander?

3 Wie möchtest du als Prinzessin oder Prinz sein? Sage deine Meinung.

Märchentürme

Kind
Haar
Turm
Zöpfe
Mauer
Garten
Zauberin
Königssohn
Fensterchen
hinaufsteigen

Tor
Blut
Pech
Spule
Wiese
Betten
Brunnen
Kikerikiii
schütteln
Backofen
Apfelbaum
faul – fleißig
Schneeflocken

satt
Wirt
Esel
Blatt
Sohn
Ziege
Müller
Knüppel
Tischlein
Goldstücke

1 Lies die Märchentürme von oben nach unten.

2 Zu welchen Märchen gehören die Türme?

3 Schreibe eigene Märchentürme.

Märchenwerkstatt

1. Sammelt Wörter zu den Farben Blau, Rot, Gelb, Weiß, Schwarz.
2. Schreibt zu jeder Farbe ein Wort auf eine Karte.
3. Steckt die Karten in das richtige Farbkästchen.

4. Verschließt die Kästchen und schüttelt sie.
5. Nehmt nun aus drei Kästchen jeweils eine Wortkarte heraus.
6. Bildet mit euren Wörtern Sätze, die mit „Es war einmal ..." beginnen.

Zum Beispiel: *Es war einmal ein Eisbär, der suchte in der Nacht seinen Königsmantel.*
Oder: *Es war einmal eine Erdbeere, die wanderte durch den Regen und traf einen Pinguin.*

7. Lest euch eure Märchenanfänge gegenseitig vor und erzählt die Märchen weiter.

Die Bremer Stadtmusikanten

V

Es war einmal ein Esel. Der war alt und konnte nicht mehr
gut arbeiten. Da jagte ihn sein Herr fort.
„Iaaah! Iaaah! Ich gehe nach Bremen. Dort werde ich
Stadtmusikant*."
5 Der Esel traf einen Hund. „Was jaulst du denn so?"
„Wau, wau! Wau, wau! Weil ich jeden Tag schwächer werde,
will mich mein Herr totschlagen."
„Ich gehe nach Bremen und werde Stadtmusikant. Komm
doch mit!"
10 Da trafen sie eine traurige Katze auf ihrem Weg. „Was ist mit
dir los?"
„Weil ich keine Mäuse mehr fangen kann, will mich meine
Herrin loswerden. Miau, miau! Wo soll ich hin?"
„Komm mit uns nach Bremen! Wir werden Stadtmusikanten."
15 Bald hörten sie einen Hahn schreien. „Warum schreist du so?"
„Kikerikiii! Kikerikiii! Ich schreie, denn morgen komme ich
in die Suppe."
„Komm lieber mit uns nach Bremen! Wir werden
Stadtmusikanten."

Iaaah!

Kikerikiii!

Miau!

Wau!

20 Sie machten sich zusammen auf den Weg. Als es Abend
wurde, kamen sie zu einem Haus. Der Esel schaute durchs
Fenster und sagte: „Ein gedeckter Tisch! Räuber sitzen daran
und lassen es sich gut gehen. Kommt, Freunde! Die werden
etwas erleben!"

25 Der Esel stellte sich mit den Vorderfüßen auf das
Fensterbrett. Der Hund sprang dem Esel auf den Rücken.
Die Katze stellte sich auf den Hund. Und der Hahn setzte
sich auf die Katze. Auf ein Zeichen stürzten sie alle durch
das Fenster und schrien dabei gleichzeitig:

30 „Iaaah! Iaaah! Die Gespenster sind da!"
„Wau, wau! Wau, wau! Wir machen Radau!"
„Miau, miau! Aus uns wird keiner schlau!"
„Kikerikiii! Kikerikiii! Haut ab von hiii!"
„Hilfe! Hilfe! Gespenster!" Die Räuber rannten aus dem
35 Haus, so schnell sie konnten. Die vier Freunde aber setzten
sich zusammen an den Tisch und aßen sich satt.

nach den Brüdern Grimm

① Lest den Text mit verteilten Rollen.

② Spielt zu dem Märchen mit Schattenfiguren.

③ Die Räuber aus dem Märchen kommen noch einmal zu
ihrem Haus zurück. Hört euch das Ende des Märchens auf
CD oder Kassette an.

Der Mensch und der Igel

Ein Mensch fing einmal einen Igel und setzte ihn in einen Palast. Dort war der Igel bestens untergebracht. Man pflegte ihn und behandelte ihn höflich. Lange Zeit lebte der Igel im Palast. Eines Tages fragte man ihn: „Nun Igel, wie geht es dir? Hast du es gut im Palast? Wünschst du dir noch etwas?" Der Igel antwortete: „Nur eins: Setzt mich wieder unter meinen Busch!"

Märchen aus Ossetien*

1 Stell dir vor, der Igel wird gefragt, warum er wieder unter seinen Busch möchte. Was könnte er antworten?

2 Schreibe oder spiele die Geschichte weiter.

Märchen

Es war einmal ein Prinz, weit drüben im Märchenlande.
Weil der nur ein Träumer war, liebte er es sehr, auf einer
Wiese nahe dem Schlosse zu liegen und träumend in den
blauen Himmel zu starren. Denn auf dieser Wiese blühten
5 die Blumen größer und schöner wie sonstwo. Und der Prinz
träumte von weißen, weißen Schlössern mit hohen
Spiegelfenstern und leuchtenden Söllern*. Es geschah aber,
daß der alte König starb. Nun wurde der Prinz sein
Nachfolger. Und der neue König stand nun oft auf den
10 Söllern von weißen, weißen Schlössern mit hohen
Spiegelfenstern. Und träumte von einer kleinen Wiese, wo
die Blumen größer und schöner blühten denn sonstwo.

Bertolt Brecht

1 Male die Träume des Prinzen, als er auf der Blumenwiese lag.

2 Lies vor, wovon der Prinz träumte, als er tatsächlich in
weißen Schlössern wohnte.

3 Wolltest du in einem Schloss wohnen?
Nenne Vorteile und Nachteile.

Fliegen

Unerhörte Begebenheit

Ein Maler malte Menschen
Die ohne Flugzeug flogen
Und so wie wilde Schwäne
Über den Himmel zogen.

5   Da sagte man dem Maler
Er sei wohl nicht gescheit
Denn ohne Flugzeug fliege
Kein Mensch in Wirklichkeit.

Der Maler nahm sein Bild
10   Und sagte nicht ein Wort
Hielt es wie einen Drachen
Und flog im Herbstwind fort.

Dieter Mucke

Der Spatz und die Flugzeuge

V

Es war einmal ein Spatz, der wohnte an einem Flugplatz. Jeden Tag sah er die Flugzeuge mit ihren riesigen steifen Metallflügeln aufsteigen, und wenn sie über ihn wegbrausten, duckte er sich, weil die ganze Welt zu zittern
5 anfing.

„Oh, ihr fürchterlichen Ungetüme!", schimpfte der Spatz. Aber dann schaute er den Flugzeugen nach, bis sie als kleine silberne Punkte in der Ferne verschwanden, und sagte:
„Oh, ihr wunderschönen Silbervögel, wenn ich nur wüsste,
10 wohin ihr fliegt!" „Ich muss mich erkundigen", sagte der Spatz eines Tages.

So flog der Spatz zur Bachstelze. „Du musst fliegen wie ich", sagte die Bachstelze. „Ich hole die schnellsten Brummer ein, und Flugzeuge sind nichts anderes als besonders
15 große Brummer." „Und wie machst du das?", fragte der Spatz. „Zuerst musst du mit dem Schwanz wippen und dann blitzschnell nach vorne fliegen." Der Spatz wippte tüchtig mit dem Schwanz – und fiel auf den Hintern. Er flog blitzschnell nach vorn – und fiel auf die Nase.
20 „Igittegitt", sagte ein Schmetterling, der gerade vorbeiflog. „Du musst gaukeln und schaukeln und schaukeln und gaukeln. Alles andere ist flattern und nicht fliegen." Also gaukelte und schaukelte der Spatz in der Gegend umher. Aber er kam nicht weit. Er trudelte ins Gras und konnte sich
25 kaum noch auf den Beinen halten, so schwindelig war ihm. Als es ihm wieder besser ging, flog er zu einem Teich. Da sah er eine große Libelle, die zuerst regungslos über dem Wasser stand – und plötzlich ganz woanders war. Der Spatz versuchte, es so zu machen wie die Libelle, und – patsch,
30 fiel er kopfüber ins Wasser. Er konnte sich gerade noch ans Ufer retten.

Als er wieder trocken war, flog er zum Adler. „Du musst ganz hoch hinauffliegen", sagte der Adler, „so hoch, dass du bis zum Rand der Welt gucken kannst. Dann siehst du

35 auch, wohin die Flugzeuge fliegen. Über den Rand der Welt fliegt niemand hinaus." „Wo ist der Rand der Welt?", fragte der Spatz. „Das ist da, wo sich Himmel und Erde berühren", sagte der Adler. Also fing der Spatz an, Höhenflug zu üben, und bald konnte er fast so hoch fliegen wie der Adler. Aber

40 die Flugzeuge verschwanden hinter dem Rand der Welt, und der Spatz wusste wieder nichts.
„Von mir hat er nichts gelernt", sagte die Bachstelze.
„Und von mir erst recht nicht", sagten die Libelle und der Schmetterling. Aber der Spatz hatte doch von jedem ein

45 wenig dazugelernt. Nur eben auf seine eigene Weise.
Eines Tages kam ein Zirkusdirektor mit seinem Lieblingspapagei zum Flugplatz und wartete auf ein Flugzeug. Der Pilot, der den Zirkusdirektor wegfliegen sollte, staunte, denn der Lieblingspapagei hatte an jedem Bein ein

50 kostbares silbernes Kettchen. „Was ist, wenn man daran zieht?", fragte er. „Wenn man am linken Kettchen zieht, spricht er Französisch. Wenn man am rechten Kettchen zieht, spricht er Englisch", sagte der Zirkusdirektor. „Und was ist, wenn man an beiden gleichzeitig zieht?", fragte

55 der Pilot.

Dann fall ich auf die Nase, du Depp!

Der Spatz war inzwischen herangeflogen und hatte sich alles genau angehört. „Ich kann zwar kein Englisch und kein Französisch, aber ich kann auch was!"
„Ein Spatz bleibt ein Spatz", sagte der Zirkusdirektor,
60 „deshalb ist auch noch nie ein Spatz in meinem Zirkus aufgetreten." Aber der Spatz ließ sich nicht einschüchtern. Er machte dem Zirkusdirektor einfach seine Kunststücke vor. Der Spatz flog zuerst wie eine Bachstelze, dann wie ein Schmetterling, dann wie eine Libelle und schließlich wie
65 ein Adler. Aber eben alles auf seine Spatzenweise.
Der Zirkusdirektor wusste nicht, ob er mehr staunen oder mehr lachen sollte. So etwas hatte er jedenfalls noch nie gesehen. „Was willst du zur Belohnung?", fragte er den Spatz. „Eine Antwort", sagte der Spatz. „Wo fliegen die
70 Flugzeuge hin?" „An ganz verschiedene Orte, aber alle ganz weit weg." „Die Antwort reicht mir nicht, ich will es genau wissen." „Dann musst du mit uns fliegen", sagte der Zirkusdirektor und nahm den Spatz mit ins Flugzeug. Die anderen Vögel wunderten sich. „Er hat kaum etwas gelernt,
75 mit seinem Spatzenkopp und seinen Stummelflügeln, und jetzt weiß er bald mehr als wir alle", sagte die Bachstelze, als das Flugzeug mit dem Papagei, dem Zirkusdirektor und dem Spatz als kleiner silberner Punkt in den Wolken verschwand.

Fredrik Vahle

1 Wen fragt der Spatz zuerst?

2 Versuche die verschiedenen „Flugarten" nachzumachen. Bleibe dabei aber auf dem Boden.

3 Finde den Witz in der Geschichte. Lerne ihn auswendig. Übe ihn lustig zu erzählen.

Die Fliegen und das Fliegen

Zungenbrecher

Fliegen, die fliegen, heißen Fliegen, weil sie fliegen,
aber Fliegen, die sitzen, heißen nicht Sitzen,
obwohl sie sitzen, sondern Fliegen, wie die Fliegen,
die fliegen.

 Josef Guggenmos

Fliegengeschichte

Wie ein Vogel fliegen

Der Traum vom Fliegen

Schon immer träumten die Menschen vom Fliegen.
Jahrhundertelang glaubte man, man könne sich in die Lüfte
erheben, wenn man nur den Vogelflug nachahmen könne.

5 Im Mittelalter* schwangen sich viele furchtlose Männer von
Türmen und Felsspitzen aus in die Luft. Sie hatten sich
Flügel auf den Rücken gebunden. Doch sie stürzten ohne
Ausnahme ab; viele starben sogar.
Im 15. Jahrhundert versuchte Leonardo da Vinci die

10 Geheimnisse des Fliegens zu erforschen. Er nahm sich zwar
ebenfalls die Vögel zum Vorbild. Aber er erkannte, dass die
menschlichen Arme zu schwach sind, um Flügel lange Zeit
zu bewegen. Deshalb entwarf er eine Art Flugmaschine.
Soweit wir wissen, hat Leonardo nie versucht, seine

15 Entwürfe wirklich zu bauen.

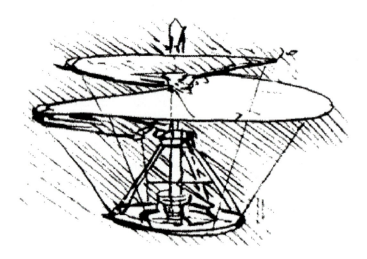

Info

 Leonardo da Vinci lebte vor langer Zeit in
Italien und Frankreich. Er war nicht nur
Flugzeugerfinder, sondern auch ein berühmter
Maler, Architekt und Wissenschaftler.

Leichter als Luft

Eine andere Möglichkeit sah Leonardo da Vinci darin,
dass man heiße Luft in einen großen Ballon füllen könnte.
Denn da heiße Luft leichter ist als normale Luft, müsste
20 ein solcher Ballon einfach in den Himmel steigen. Doch
erst 300 Jahre später, im Jahre 1783, gelang es den Brüdern
Joseph und Etienne Montgolfier in Paris einen solchen
Ballon zu bauen und tatsächlich damit zu fliegen.

Durch die Lüfte

25 Eine Zeit lang waren diese Ballons die einzigen
Flugmaschinen. Doch viele Menschen wollten noch immer
versuchen, mit Flügeln zu fliegen. Einer der Ersten, die mit
Flügeln tatsächlich durch die Luft schwebten, war Otto
Lilienthal. Er rannte mit Flügeln einfach einen Hügel
30 hinunter und flog oder glitt durch die Luft.

Das Flugzeug

Das Flugzeug als Transportmittel

Bei Tag und Nacht fliegen heute große und kleine
Flugzeuge um die Welt. Passagiere*, aber auch alle Arten
von Frachtstücken werden so befördert. Das Flugzeug ist
5 heute das schnellste und wichtigste Transportmittel über
längere Strecken.

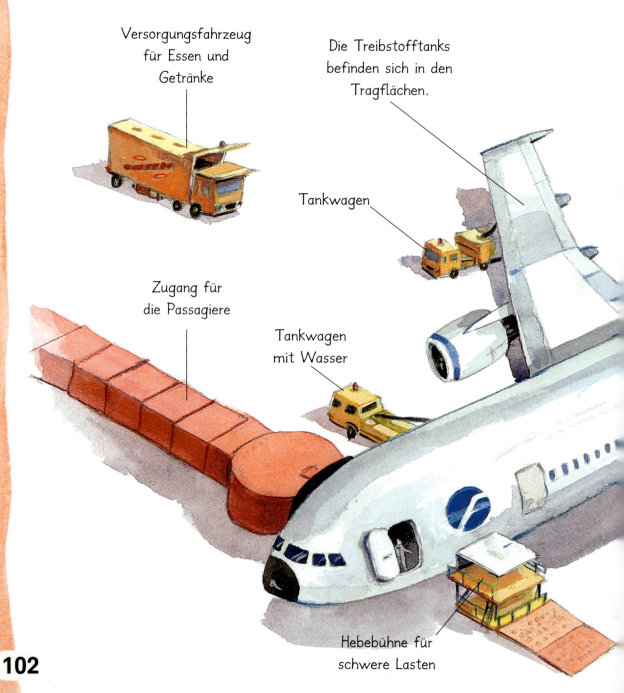

Versorgungsfahrzeug
für Essen und
Getränke

Die Treibstofftanks
befinden sich in den
Tragflächen.

Tankwagen

Zugang für
die Passagiere

Tankwagen
mit Wasser

Hebebühne für
schwere Lasten

Was passiert vor dem Start?

Vor dem Start wird das Flugzeug innen gereinigt. Ein Versorgungsfahrzeug bringt das Essen und Getränke, ein
10 Tankwagen pumpt Treibstoff in die Tanks. Fracht und Gepäckstücke werden verladen. Die Crew* bespricht die Wetterlage und den Flugplan. Dann gehen die Piloten an Bord, checken* im Cockpit* ihre Instrumente und programmieren die Computer. Vor dem Abflug erhalten sie
15 Angaben über die Beladung und das Abfluggewicht.

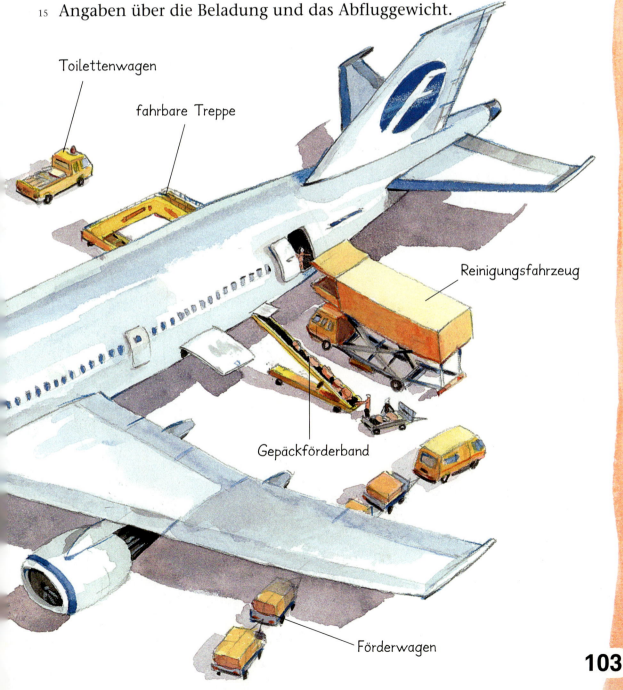

Toilettenwagen

fahrbare Treppe

Reinigungsfahrzeug

Gepäckförderband

Förderwagen

Es muss im Leben mehr als alles geben

Einst hatte Jennie alles.
Doch das kümmerte Jennie wenig.
Um Mitternacht packte sie alles, was sie besaß, in eine
schwarze Ledertasche mit einer goldenen Schnalle und
5 blickte zum letzten Mal zu ihrem Lieblingsfenster hinaus.
„Du hast alles", sagte die Topfpflanze, die zum selben
Fenster hinaussah.
„Das ist wahr", sagte Jennie.
„Du hast alles", wiederholte die Pflanze.
10 Jennie nickte nur.
„Warum gehst du dann fort?"
„Weil ich unzufrieden bin", sagte Jennie.
„Ich wünsche mir etwas, was ich nicht habe.
Es muss im Leben mehr als alles geben!"

A Maurice Sendak

Eine rätselhafte Schatzkarte

V

Die Strände der weißen Inseln leuchteten hell in der Sonne. Kim hielt sich die Hand vors Gesicht, das grelle Licht tat ihr in den Augen weh. „Kapitän, welches Boot gehört Goldzahn?" „Das ganz große dort, mit dem goldenen
5 Mast. Goldzahn ist unglaublich reich. Er weiß schon lange nicht mehr, was er mit seinem Geld anfangen soll. Darum veranstaltet er auch solche Feste, auf denen große Preise zu gewinnen sind."
Der Kapitän stieß Kim an. „Schau!", zischte er. „Da ist
10 Goldzahn!" Ein kleiner Mann mit breiten Schultern lief zur Vorderseite des Bootes. Wie brave Jungs warteten die Piraten darauf, zu hören, was er zu sagen hatte. Sein Goldzahn leuchtete gefährlich im Sonnenlicht.
15 „Der Wettkampf in diesem Jahr ist … eine Schatzsuche! Und es ist kein gewöhnlicher Schatz … Es ist der größte Schatz, der jemals versteckt wurde. Eine Schatzkiste, bis zum Rand voll mit Gold,
20 Diamanten, Perlen und Rubinen! Wer sie findet, darf sie behalten!"

„Aber", zischte Goldzahn, „es gibt ein Problem. Der Schatz
25 wird von einem Drachen bewacht. Und dieser Drache ist
nicht klein. Dieser Drache ist riesengroß! Wenn sein Magen
knurrt, hört man es bis hierher. Aus seinen Nasenlöchern
kommen enorme Dampfwolken. Und das Feuer, das er
spuckt … Das Feuer reicht so weit, dass man es auf allen
30 Inseln sehen kann! Nur die Tapfersten von euch können es
mit so einem Drachen aufnehmen!" Goldzahn rieb sich vor
Freude die Hände beim Anblick der ängstlichen Piraten.
„Kommt auf mein Boot, um eine Schatzkarte zu holen,
und macht euch auf die Suche."
[…]
35 Kim kniete sich neben Breitbacke und breitete die Karte
auf dem Deck aus. „Das müssen die weißen Inseln sein",
murmelte sie. „Schau, diese Insel hat
die Form eines Drachen! Und es ist
eine Schatzkiste darauf gezeichnet!
40 Dorthin müssen wir!" Aus dem
Augenwinkel schaute der Kapitän
sich den Fleck an, auf den Kim
zeigte. „Diese Insel ist zu weit
weg. Bevor wir dort
45 angekommen sind, haben
die anderen den Schatz
schon gefunden."

Kim stand auf und beobachtete durch ihr Fernrohr die anderen Schiffe. Die Piraten waren damit beschäftigt,
50 Kanonen zu laden und Kugeln an Deck zu bringen. Segel wurden gehisst* und Anker gelichtet*. Sie setzte sich wieder aufs Deck und studierte die Karte. Ihre Augen schweiften über die Inseln.

Moment mal, was war das für eine Insel? „Kapitän! Was
55 ist das für eine Rauchfahne?" „Das?", fragte Breitbacke abwesend. „Das ist ein Vulkan." „Ein Vulkan? Kommt da auch Rauch und Feuer raus?" „Manchmal." Kim starrte grübelnd auf die Karte. Auf einmal beugte sie sich weit nach vorne. „Eine Kiste! Hier ist noch eine Kiste eingezeichnet!"
60 Aufgeregt tippte sie auf die Karte. „Jetzt kapier ich es! Knurrender Magen, dampfende Wolken und Feuer, das du ganz weit sehen kannst!" „Was kapierst du?" Breitbacke schaute sie verständnislos an. „Das erzähl ich dir später, jetzt müssen wir los!"

Els Rooijers

1 Warum steuert Breitbacke nicht die Insel mit der Form eines Drachens an?

2 Stell dir vor, du bist Kim. Erkläre Breitbacke, wie du herausgefunden hast, wo der Schatz versteckt ist.

Piratenwortspielereien

Welle, Wal und Wasserwanze!
Schrumpelige Milchzahnsardine!
Borstiger Seeigelsäugling!
Schlatzige Schleimquallen!
Schielender Zitterrochen!
Dorsch, Delfin und Dosenfisch!

1 Lies die Piratenaussprüche laut und
deutlich.

2 Kannst du auch solche Piratenaussprüche
erfinden?

Sand Sand Sand Sand Sand Sand
Sand Sand Sand Sand Perle Sand
Sand Sand Sand Sand Sand Sand
Sand Sand Sand Sand Sand Sand
Sand Sand Gold Sand Sand Sand
Sand Sand Sand Sand Sand Keks

3 Welche Schätze sind in der Piratenkiste versteckt?

Auf Schatzsuche

Chris hat eine alte Schatzkarte gefunden. Kannst du Chris helfen, das Gold auf der Totenkopfinsel zu finden?

Beginne am Totenkopffelsen mit deiner Suche!

Laufe einmal um die ganze Blumenwiese herum!

Suche den Weg durch den Palmenwald!

Gehe zwischen den Spitzfelsen hindurch!

Laufe links am Inselteich vorbei in Richtung Haifischbucht!

Suche nach dem Grab an der Haifischbucht!

Grabe hier! Du wirst mit einer Kiste voll Gold und Edelsteinen belohnt werden.

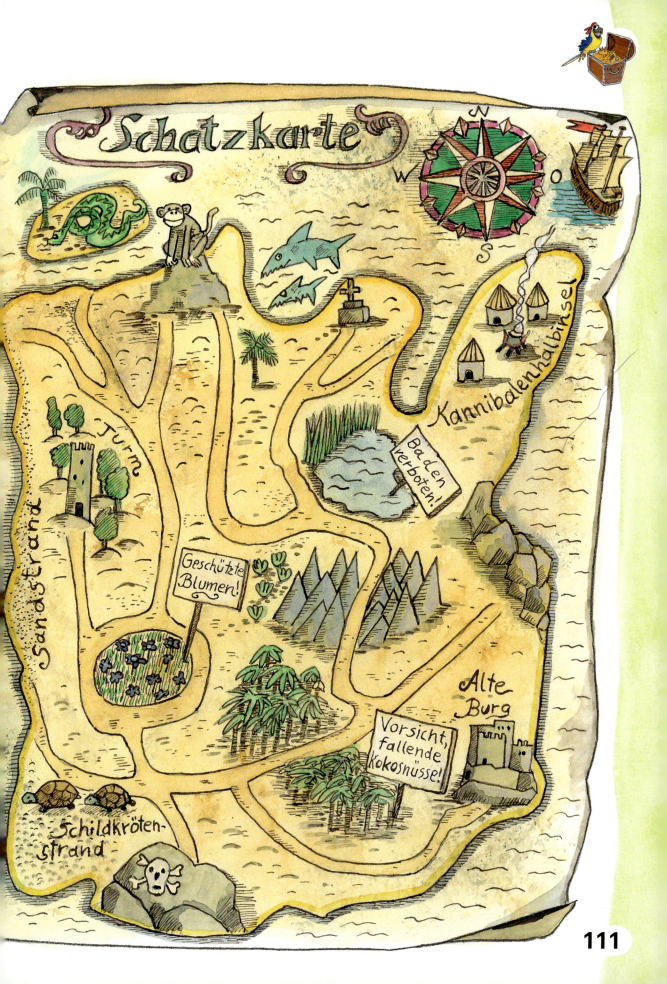

Viel

Das ist die
alte Melodie
Wer findet
wen und wo
5   und wie
Suchen ist
ein Bärenspiel
Und wer
viel sucht
10   der findet
viel

Jürgen Spohn

Info

Immer wieder wird über Schatzfunde berichtet. Manche
Schätze werden durch Zufall entdeckt, andere Funde
sind das Ergebnis planmäßiger Suche von Forschern und
Schatzsuchern.
Glück hatten auch spielende Kinder. Sie fanden in der
niederländischen Stadt Ede mehrere Einmachgläser. In
den Gläsern waren Goldmünzen und Schmuck.

Schatz an Bord

Auf dem Grund der Meere liegen viele gesunkene Schiffe,
die Schätze an Bord hatten.
Das Piratenschiff Whydah* lief vor der Küste Amerikas bei
Sturm und Nebel auf eine Sandbank auf und ging unter.
5 Nur zwei Piraten überlebten das Unglück. Sie berichteten,
dass das Schiff mit geraubtem Gold, Edelsteinen und
Münzen beladen war.
Erst 200 Jahre später wurde das Schiff wieder entdeckt.
Schatzsucher hatten eine alte Karte gefunden. Sie gab
10 ihnen wichtige Hinweise auf die Stelle, wo das Schiff
untergegangen war. Trotzdem mussten die Schatzsucher
noch viele Monate tauchen, bis sie das Schiff entdeckten.
Sie holten Münzen, Waffen und die Schiffsglocke aus dem
Schiff. Den Schatz haben sie nicht gefunden. Vielleicht
15 wurde das Schiff ausgeraubt, bevor es unterging. Oder der
Schatz liegt noch immer auf dem Meeresboden.

Leicht und schwer

Es ist leicht,
andere zu beschimpfen:
Du Quatschkopf!
Du Rindvieh!
5 Du Sauertopf!
Du Depp!
Du Miesepeter!
Du Idiot!
Du Nasenbär!
10 Du Schwein!
Da findet man
ohne langes Überlegen
schnell die passenden Worte.

Es ist schwer,
15 anderen etwas Nettes zu sagen:
Du
Du
Du
Du
20 Du
Du
Du
Du
Da findet man
25 trotz langem Überlegen
schwer die passenden Worte.

Manfred Mai

Zusammen sind wir stark

Mäx ist neu in der Klasse 2b. Und nach der letzten
Schulstunde fragt Frau Viermäusel, seine Lehrerin: „Mäx,
du wohnst doch in der Lahnstraße. Anja auch! Da habt ihr
ja beide denselben Weg." Mäx sieht kurz zu Anja hin. Die

5 guckt weg. Na und? Er findet den Weg auch ohne sie!
Nach der Schule marschiert er alleine los. In der Lahnstraße
muss er an der Fußgängerampel warten. Und plötzlich steht
Anja neben ihm. Jetzt springt die Ampel auf Grün. Anja
bleibt trotzdem stehen. Mäx geht ohne sie weiter.

10 Auf der anderen Seite sieht er zwei größere Jungen. Sie
sind mindestens schon in der 5. Klasse. Mäx will an ihnen
vorüber. Da rempelt ihn der eine am Ranzen. Der andere
hält ihn am Arm zurück. „Nicht so eilig", sagt er und drängt
Mäx gegen eine Hauswand. Mäx schaut sich hilfesuchend

15 um. Anja steht noch immer an der Ampel. Traut sie sich
nicht weiter, weil sie die Jungen schon kennt?
„Wir wollen uns nur vorstellen. Das ist mein Freund
Sanders. Und ich heiße Bill. Wir haben was für dich." Er
steckt langsam eine Hand in die Hosentasche. Genauso

20 langsam holt er sie heraus und öffnet sie. Ein glatter
Regenwurm liegt drin. Bill lässt ihn vor Mäx' Nase pendeln.
Mäx wird blass. Ihm ist ganz flau. Mäx versucht sich
loszureißen. Doch zwei Große sind viel stärker als
ein Kleiner. Seine Wut wird so groß, dass er um sich

25 schlagen möchte.

A Christa Zeuch

1 Warum kann Mäx
nicht weitergehen?

2 Kann Anja Mäx helfen?

Halli! Hallo! Hallöchen!

Darf ich mich vorstellen: Ich heiße Zornigel, und ich bin immer dabei, wenn Du Dich über etwas geärgert hast. Meine Stacheln piksen in Deinem Bauch.

Hier sind vier Tipps, wie Du mich wieder vertreiben kannst!

Tipp 1:
Wut treibt Tränen in die Augen.
Du darfst weinen. Es hilft Dir, mich loszuwerden.

Tipp 2:
Wenn es Dir möglich ist, laufe Deine Wut heraus: Renne über den Sportplatz, die Treppen rauf und runter …
Es hilft Dir, ruhiger zu werden.

Tipp 3:
Nimm Dir ein „Wutkissen". Du darfst es festhalten, feste zudrücken und es auch boxen. Es hält Schläge aus!

Tipp 4:
Sprich mit jemandem über das Erlebnis, das Dich so wütend gemacht hat.

Vielleicht gefällt Dir ein Tipp von mir oder Du kennst sogar noch ein anderes Mittel, um mich wieder loszuwerden. Probiere es aus!

Alles Gute für Dich und viele Grüße,

der Zornigel

Was du nicht willst

Alle: Ein schöner Tag,
wie ich ihn mag.
Doch dann geht's los.
Wie kommt das bloß?

Kind 1: Mein Blatt gib her!
Kind 2: Komm mir nicht quer!
Beide: Vorsicht! Und jetzt
ham wir's zerfetzt.

Kind 1: Schuld bist nur du!
Kind 2: Lass mich in Ruh'.
Beide: Geh endlich und
halt doch den Mund!

Alle: Keiner gewinnt,
streiten verstimmt,
reden macht Mut
und tut so gut.

Kind 1: Mein Bild ist toll.
Kind 2: Nee, grauenvoll!
Beide: Schieß in den Wind,
du bist ja blind.

Kind 1: Ich hasse Streit.
Kind 2: Es tut mir leid.
Beide: Frieden wär' schön,
doch wie soll's gehn?

Alle: **Was du nicht willst, dass man dir tu,
das füg' auch keinem andren zu.**

Beate-Manuela Dapper

Hörst du auch zu?

Aliki Brandenberg

Als die Raben noch bunt waren

V

Es gab einmal eine Zeit, da waren die Raben bunt. Geradezu
kunterbunt. Manche Raben waren rosa mit violetten
Schwanzfedern. Andere gelb mit faustgroßen grünen
Tupfen. Wieder andere hellblau mit zarten orangeroten
5 Streifen. Prächtig sah das aus, wenn sich ein Schwarm
Raben im Winter auf einem kahlen Baum niederließ.
Angeblich war es ein Schneemann, der jene unselige* Frage
stellte. Vielleicht war er zornig, weil die Raben immer
von seiner Nase naschten. Vielleicht war er neidisch auf
10 ihre Buntheit. Jedenfalls – er fragte. „Ich persönlich ziehe
ja weiß vor", begann er. „Trotzdem würde mich eines
interessieren: Welche Farbe ist für euereins* eigentlich
richtig? Ich meine, wie muss ein wirklicher, echter Rabe
aussehen?" Er richtete seine Frage an einen Blaugetupften.
15 „Tzzzz", machte der Blaugetupfte. „Das siehst du doch.
Elegantes Weizengelb mit Tupfen in der Farbe des
Abendhimmels."
„Ich lach mich kringelig", krächzte ein Rosa-Grün-Gestreifter.
„Ein Rabe hat natürlich Streifen zu haben."
20 „Unsinn!", rief ein Violetter empört dazwischen. „Der
Urrabe war fliederfarben."
„Mir scheint, violett macht blöd", krächzte ein Goldgelber
mit moosgrünem Bauch. „Schaut einfach mich an,
dann wisst ihr, wie ein echter, wirklicher, richtiger Rabe
25 ausschaut."
Alle schimpften empört durcheinander.
„Ich rede überhaupt nur mehr mit
meinesgleichen*", krächzte einer
und entfernte sich mit wütendem
30 Flügelschlag. Es war der
Rosagestreifte. Er flog davon, um
andere rosa gestreifte Raben zu
finden.

„Er ist zwar ebenso dumm wie rosa", meinte ein

35 Gelbgetupfter. „Aber wo er recht hat, hat er recht."

Und auch er flog weg, um andere Gelbgetupfte zu finden.

Der große, bunte Schwarm der Raben zerstreute sich.

Man sah nur mehr gleichfarbige Raben miteinander ziehen.

Und jeder war davon überzeugt, dass seine persönliche

40 Farbe die einzig richtige war.

Damals entstand die Redensart: „Die streiten wie die Raben."

Es kam noch schlimmer.

„Nieder mit Flieder", brüllte eines Morgens ein

türkisfarbener Rabenschwarm. Die Bläulichgrünen stürzten

45 sich auf ihre violetten, lila und fliederfarbenen Artgenossen.

Sie hackten erbittert mit den Schnäbeln aufeinander los.

Eine Menge bunter Federn blieb auf dem Kampfplatz zurück.

Überall sah man streitende, raufende, kämpfende

Rabenschwärme.

50 „Wir kämpfen für Rosa und Recht!", hieß der Kampfruf der

Rosaroten.

„Es gilt als erwiesen: Echt sind nur die Türkisen!", krächzten

die Bläulichgrünen.

Dann kam der Regen.

55 Es war kein gewöhnlicher Regen.

Es tropfte, trommelte, strömte schwarz vom Himmel.

Es war, als hätte der schwarze Regen nur die streitenden Raben treffen wollen. Da saßen sie jetzt, ebenso verdutzt* wie schwarz. Es gab keine rosa, lila, grünen, gelben Raben

60 mehr. Keine getupften und keine gestreiften. Sie waren so gleich, dass sie Mühe hatten, sich selbst von den anderen zu unterscheiden. Und natürlich wusste keiner mehr, gegen wen er eigentlich kämpfen wollte. Sie waren rabenschwarz, und sie blieben rabenschwarz.

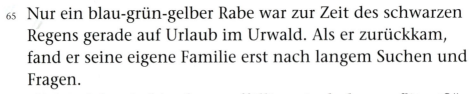

65 Nur ein blau-grün-gelber Rabe war zur Zeit des schwarzen Regens gerade auf Urlaub im Urwald. Als er zurückkam, fand er seine eigene Familie erst nach langem Suchen und Fragen.

„Ist es nicht ein bisschen auffällig, wie du herumfliegst?",

70 fragte ihn seine Schwester nach einiger Zeit verdrießlich*.

„Ganz recht, zieh dir was Ordentliches an", stimmte ein entfernter Onkel zu.

Da flog der bunte Rabe zurück in den Urwald.

Edith Schreiber-Wicke

1 Wer bringt das Zusammenleben der Raben durcheinander? Suche die Stelle im Text.

2 Finde heraus, wie viele verschiedenfarbige Raben es gab.

Nach einem Streit

I c h ?

Den ersten
Schritt machen?
Ich soll den ersten
Schritt machen?

Warum soll ich?

Warum soll ich
den ersten Schritt machen?

W a r u m   i c h ?

Den ersten Schritt machen?

W a r u m
e i g e n t l i c h
n i c h t ?

Gerda Anger-Schmidt

Frühling

Frühling

Eines Morgens ist der Frühling da.
Die Mutter sagt,
sie riecht ihn in der Luft.

Pit sieht den Frühling.
5 An den Sträuchern im Garten
sind hellgrüne Tupfen.

Anja hört den Frühling.
Neben ihr, auf dem Dach,
singen die Vögel.

10 Unten vor dem Haus
steigt Vater in sein Auto.
Er fühlt den Frühling.
Die Sonne scheint warm
auf sein Gesicht.

15 Aber schmecken
kann man den Frühling nicht.
Bis die Erdbeeren reif sind,
dauert es noch lange.

Christine Nöstlinger

A

Der Frühling

Der Frosch lief über die Wiese zum Haus der Kröte.

„Kröte, Kröte", rief Frosch, „wach auf! Der Frühling ist da!"

5 „Boaah", tönte eine Stimme aus dem Haus.

Frosch rief lauter: „Kröte! Kröte! Die Sonne scheint! Der Schnee schmilzt. Wach auf!"

10 „Bin nicht zu Hause", murrte die Stimme.

Da machte Frosch ganz einfach die Tür auf.

„Kröte, wo bist du?", fragte Frosch.

15 „Mach, dass du rauskommst", sagte die Stimme.

Sie kam aus der Ecke, in der das Bett stand. Im Bett lag Kröte. Frosch zog Kröte aus dem Bett.

20 Er schubste sie durchs Haus zur offenen Tür. Kröte blinzelte in die Sonne. „Hilfe!", schrie sie. „Ich kann kein bisschen sehen."

„Unsinn", sagte Frosch. „Natürlich kannst du sehen. Du siehst den April mit seinem warmen, hellen 25 Licht. Und das bedeutet, dass die schönste Zeit im Jahr beginnt. Stell dir vor, wir hüpfen über die Wiesen, wir streifen durch die Wälder, wir schwimmen im Fluss. Und 30 abends sitzen wir vor der Haustür und zählen die Sterne."

„Zähl sie allein!", sagte Kröte. „Ich bin viel zu müde. Lass mich schlafen."

„Aber Kröte", schrie Frosch, „du versäumst das Schönste!"

„Wieso?", blubberte Kröte. „Wie lange habe ich denn geschlafen?"

„Seit November liegst du hier und pennst", antwortete Frosch. „Dann", sagte Kröte, „schadet es mir auch nicht, wenn ich noch ein bisschen weiterschlafe. Komm Mitte Mai wieder vorbei und wecke mich. Gute Nacht, Frosch."

„Aber Kröte", sagte Frosch, „was soll ich denn so lange machen ohne dich?"

Kröte gab keine Antwort. Sie war wieder eingeschlafen. Da entdeckte Frosch den Kalender. Der November war noch obenauf. Frosch riss den November ab. Er riss den Dezember ab, den Januar, den Februar und den März.

Jetzt war er beim April angelangt. Und er riss auch den April ab. Dann lief er zu Krötes Bett.

„Kröte, wach auf! Der Mai ist gekommen."

„Was?", fragte Kröte. „So schnell?" „Klar", sagte Frosch. „Schau doch auf den Kalender."

Kröte schaute auf den Kalender und wirklich – der Mai war obenauf.

„Stimmt", sagte Kröte. „Es ist wirklich Mai."

Und sie kletterte aus dem Bett. Dann lief sie mit ihrem Freund nach draußen um zu sehen, wie die Welt im Frühling ausschaut.

Arnold Lobel

Frühlingsgarten

Kesse Krokusse küssen krumme Kaiserkronen.

Frühling
Frühlingsblume
Frühlingsblumenpracht
Frühlingsblumenprachtblüten
Frühlingsblumenprachtblütenfarbe
Frühlingsblumenprachtblütenfarbenspiel

Frühlingsgartenwaldwiesenfeldosterhase
Gartenwaldwiesenfeldosterhase
Waldwiesenfeldosterhase
Wiesenfeldosterhase
Feldosterhase
Osterhase
Hase

April, April, April,
der weiß nicht, was er will.
Mal Regen und mal Sonnenschein,
dann schneit es wieder zwischendrein.
April, April, April,
der weiß nicht, was er will.

Das Veilchen

Erst kommt der Star zurück, ein Weilchen
danach kommt auch das blaue Veilchen.
Es blüht versteckt.
Wer es entdeckt,
den hat der Frühling aufgeweckt.

Heinz Kahlau

Kandierte Veilchen

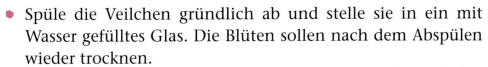

Du brauchst:
2 Eiweiß
250 Gramm feinen Zucker
etwa 20 Veilchenblüten mit Stängel
3 Teelöffel Wasser

- Spüle die Veilchen gründlich ab und stelle sie in ein mit Wasser gefülltes Glas. Die Blüten sollen nach dem Abspülen wieder trocknen.
- Verrühre in einem anderen Glas Wasser und Eiweiß gut mit der Gabel. Wenn Schaum entsteht, tupfe ihn vorsichtig weg.
- Tauche die Veilchenblüten mit dem „Gesicht" nach unten in die Eiweißmasse und schwenke sie sacht hin und her. Hebe die Veilchen heraus, schüttle sie vorsichtig ab und bestreue sie dünn mit Zucker.
- Befestige den Stiel der Veilchen mit einer Büroklammer an einem gespannten Faden und lasse sie so trocknen.

Du kannst die kandierten Veilchen auf einer Limonade schwimmen lassen oder auf eine Torte legen.

Frühlingsblumen, Ostereier

Tulpen und Narzissen wachsen
farbenprächtig ganz allein.
Doch ans Werk! Den Ostereiern
müssen wir behilflich sein.

5 Auf die Schalen malen wir
Zickzackbänder, Tupfen, Ringe,
braune Hasen, gelbe Küken,
blaue Blumen, Schmetterlinge.

Manche Eier kriegen Augen,
10 Mund, Kinn, Nase und so weiter
und schaun dann den Frühling an
mit Gesichtern, ernst und heiter.

A   Josef Guggenmos

Das Osterei

Hei, juchei! Kommt herbei!
Suchen wir das Osterei!
Immerfort*, hier und dort
und an jedem Ort!

Ist es noch so gut versteckt,
endlich wird es doch entdeckt.
Hier ein Ei! Dort ein Ei!
Bald sind's zwei und drei.

A   August Heinrich Hoffmann von Fallersleben

Ostern

Ostern ist ein fröhliches, buntes Fest. Die Natur erwacht zu neuem Leben. Es ist auch das älteste christliche Fest.

Zum Osterfest gehört der Osterhase. Über ihn gibt es viele Geschichten.

5 Eine erzählt, dass die alten Germanen* eine Göttin der Morgenröte* mit Namen Ostara verehrten. Für sie feierten sie schon vor zweitausend Jahren in Wald und Wiese ein Frühlingsfest. Dabei beobachteten sie auch, wie die Hasen Hochzeit hielten. Wenn die Hasen dann fort waren, lagen auf dem

10 Waldboden kleine Eier.

Die hatten natürlich die Hasen gelegt! Wer denn sonst? Das wurde so immer weitererzählt. Dass aber die Vögel vor dem Hochzeitslärm der Hasen geflüchtet waren und ihre Eier vor Schreck zurückgelassen hatten, war niemandem aufgefallen.

15 Also bringt auch heute noch der Osterhase die Ostereier.

① Welches Fest feierten die alten Germanen im Frühling?

② Prüfe im Kalender nach, ob das Datum des Osterfestes in diesem Jahr mit der alten Vollmondregel (siehe Infokasten) übereinstimmt.

Info

Vor langer Zeit wurde einfach festgelegt: Ostern wird an dem Sonntag gefeiert, der dem ersten Vollmond nach Frühlingsanfang folgt. Der Frühlingsanfang liegt dabei auf dem 21. März.

Ostervater

Ostern hat jeder gern. Ich auch. Schulfrei ist und bunte Eier gibt's und mein Vater schickt ein Paket. Darauf freue ich mich am meisten. Mein Vater wohnt nicht bei uns, schon lange nicht mehr.

5 Und jetzt ist Ostern. Ostersonntag. Ich gehe in die Küche. „Fröhliche Ostern, Mama", sage ich und schaue erwartungsvoll auf meinen Stuhl. Da steht nämlich an Ostern immer das Paket von meinem Vater. Diesmal aber nicht! Mein Stuhl ist leer! Zum ersten Mal an Ostern nicht! Ich schlucke …

10 Ich glaube, ich muss heulen. Da klingelt es. Ich laufe zur Flurtür. Und horche. Draußen ist es still. Ich schaue durchs Guckloch. Niemand zu sehen. „Mach doch auf", ruft meine Mutter aus der Küche, „ich glaube, der Osterhase war da!" Und sie lacht so komisch.

15 Ich mache die Tür auf – und da liegt ein Osterei! Ein riesengroßes Osterei in Rosa! Das Riesenei wackelt. Aus dem Ei brummt es und es brummt ziemlich dumpf* und ziemlich verärgert: „Jetzt pack mich doch endlich aus, ich schwitze mich ja kaputt." Und da greife ich endlich zu. Reiße und

20 ziehe und habe eine Riesenostereipapphälfte in den Armen… und in der anderen Hälfte liegt … mein Vater. „Endlich!", stöhnt er und steigt heraus, „ich habe schon gedacht, du kapierst es nie! Heiß war's im Ei, ich bin beinahe erstickt." Da sitzt mein Vater schon am Osterfrühstückstisch und mein

25 Vater hält mir ein Osterei entgegen. Ein blaues. Ich nehme ein rotes und schlage es fest gegen das blaue. Das haben wir immer so gemacht. Früher … Weil man sich dabei was wünschen darf. Wenn das Ei heil bleibt. Mein Ei bleibt heil.

A Gudrun Mebs

Osterspiele

Knick-Eier
Jeder Spieler hat für
dieses Spiel fünf hart gekochte
Eier. Du suchst dir einen Partner. In
der Hand hat jeder ein Ei. Ihr schlagt die
Eier mit ihrer Spitze aneinander. Wessen
Eispitze dabei knickt, der hat diese Runde ver-
loren und muss das Knick-Ei dem Sieger geben.
Wer am Schluss die meisten Eier hat, ist Sieger.

Berg-Eier
Nimm für dieses Spiel ein hart gekochtes Ei. Zuerst häufst
du auf einem Tisch einen kleinen Berg Sand (oder Salz) auf
und setzt das Ei mit der Spitze nach unten auf den Gipfel.
Jeder Spieler nimmt der Reihe nach mit einem Teelöffel ein
bisschen von dem Sand (oder dem Salz) weg. Der Berg mit
dem Ei wird immer kleiner. Bei wem das Ei umkippt,
der scheidet aus.

Hohl-Eier
Nimm für dieses Spiel ein ausgeblasenes Ei. Alle Spieler
setzen sich um einen Tisch und legen die Unterarme so
auf die Tischkante, dass keine Lücke bleibt. Ein ausgeblasenes Ei wird in die Tischmitte gelegt. Auf ein
Startzeichen beginnen alle zu blasen. Das Ei
darf die eigenen Arme nicht berühren.
Wem das doch passiert, der zahlt
ein Pfand.

Haikus

Das Haiku ist eigentlich ein japanisches Gedicht. Es besteht aus drei Zeilen und reimt sich nicht. Dafür musst du aber die Sprechsilben zählen: In der ersten Zeile stehen 5 Silben, in der zweiten Zeile 7 Silben und in der dritten Zeile wieder 5 Silben.

Früh - ling kommt wie - der.
 1   2   3   4   5

Nun kann ich Fahr - rad fah - ren.
 1   2   3   4   5   6   7

Ro - deln ist vor - bei.
 1   2   3   4   5

Blumen blühen bunt.
Der Frühling malt. Ich male
auch ein buntes Bild.

Bunter Schmetterling
war so lange eingesperrt.
Nun kann er tanzen.

Zum Muttertag

Liebe Mutter, ich und du,
wir sind verwandt wie Kälbchen und Kuh.
Wir sehen uns ähnlich wie Fohlen und Pferd.
Wir haben schon immer zusammengehört.
5   Wär ich ein Lamm, dann sagte ich brav:
Du bist das allerliebste Schaf.
Wär ich ein Ferkel, dann fiele mir ein:
Du bist das allernetteste Schwein.
Als gelbes Küken sag ich: Piep,
10 bleib immer bei mir, ich hab dich lieb.
Du bist die allerbeste Ente.
Sind das nicht schöne Komplimente?

Christa Wißkirchen

Gedichte auswendig lernen und vortragen
1. Lies das ganze Gedicht leise durch.
2. Lies den ersten Satz und stelle dir ein Bild dazu vor. Bei manchen Gedichten hilft es auch, sich die Reimwörter oder die ersten Wörter jeder Strophe zu merken oder sich beim Lernen zu bewegen.
3. Lerne die nächsten Sätze wie beim zweiten Schritt auswendig.
4. Versuche beim Vortragen die Bilder des Textes mit deiner Stimme zu „malen".

Was leuchtet da so?

Martin liest heimlich unter der Bettdecke.
Das Zimmer ist finster – wie es sich in der Nacht gehört.
Nur an einer Stelle, wo die Decke verrutscht ist,
scheint etwas Taschenlampenlicht hervor.

5 Kurz vor Mitternacht kommt der Vater ins Zimmer.
Er schließt das halb offene Fenster – und sieht das Licht.
„Was leuchtet da so?", fragt er verdutzt.
„Da wird doch nicht jemand noch munter sein?"

Martin erschrickt.
10 „Nein, nein, Papa", sagt er schnell.
„Ich schlaf schon und träum von der Sonne!"

Georg Bydlinski

LESENACHT IN DER SCHULE

Vor der Lesenacht feierte unsere Klasse ein Hexenfest. Wir hatten Besen dabei und tanzten um ein Lagerfeuer. Danach gingen wir zur Schule und setzten uns in unser Schlaflager. Wir hatten Matten und Schlafsäcke im Klassenzimmer ausgelegt. Jedes Kind bekam ein Buch. Es hieß Hexe Lakritze und Eveline Hasler hat es geschrieben.

Nun wurde das große Licht ausgemacht. Wir knipsten unsere Taschenlampen an und begannen zu lesen.

Ich war sehr schnell und habe gelesen und gelesen, bis ich am Ende des Buches angekommen war.

Das Buch war spannend, sehr spannend sogar, und hat mir großen Spaß gemacht.

Willst du es nicht auch mal lesen?

Vanessa

Lieblingsleseplatz

Das kleine Auto hatte jahrelang am Straßenrand von Santa Cruz* gestanden, rostig und verbeult, ohne Motor und ohne Lenkrad. Nur ein paar Kinder der benachbarten Grundschule interessierten sich ab und zu dafür.

5 Eines Tages schleppten die Lehrer es auf den Schulhof und erklärten es zum Lese-Auto. Wer in der Pause lesen wollte, konnte sich mit einem Buch oder einer Zeitschrift ins Auto setzen. Unglaublich, wie groß der erste Andrang war! Alle wollten ins Lese-Auto ... Für einige Kinder ist das Lese-Auto

10 nun zum Lieblingsleseplatz geworden.

Lioba Betten

1 Beschreibe deinen Lieblingsleseplatz.

In der Bücherei

In der Bücherei habe ich mehr gesehen, als ich es mir vorgestellt habe! Kassetten, CDs, CD-Roms und eine Menge Bücher, Bücher. Bücher. Fast nichts anderes als Bücher. Auch Taschenbücher. Zu Büchern fällt mir noch was ein, Comics, Handbücher. Und, und, und! Wenn mein Büchereiausweis fertig ist, kann ich mir das alles ausleihen.

Wir haben auch verschiedene Schriftsteller kennengelernt. Zum Beispiel Elisabeth Zöller oder Astrid Lindgren.

Doktor Dodo schreibt ein Buch

Der erste Satz

Michael Ende konnte als Kind stundenlang einem schrulligen Mann namens
Fanti zuhören, der den Kindern wilde
Märchengeschichten erzählte. Und in der

5 Nachbarschaft überwinterte einmal eine
Zirkusfamilie, die den Kindern Zaubertricks und akrobatische* Kunststücke bei-
brachte. Später regten Michael die Bilder
seines Vaters zu eigenen Geschichten und
10 Gedichten an.

Nach seiner Schulzeit wollte Michael Ende das Schreiben
zum Beruf machen. Viel Geld brachte ihm das nicht ein. Zeit-
weise ernährte er sich nur von Milch und Brötchen.

Eines Tages bat ihn ein Freund um einen kurzen Text für ein
15 Bilderbuch. Michael Ende tippte den ersten Satz in seine
Schreibmaschine:

```
„Das Land, in dem Lukas der Lokomotivführer
lebte, war nur sehr klein."
```

Wie es weiter gehen sollte, wusste er selber nicht. Viele
20 Monate später aber war eine lange Geschichte daraus
geworden von der Insel Lummerland, von Lukas dem
Lokomotivführer, seinem Freund Jim Kopf, von deren
abenteuerlichen Reise nach China und ihrem Kampf mit der
Bande der Wilden Dreizehn.
25 Bald erschienen die Bücher von Michael Ende auf der ganzen
Welt.

Jim Knopf und Lukas der Lokomotivführer

Wie Jim zu seinem Nachnamen kam

Jim hatte immer ein Loch in seiner Hose und ausgerechnet immer an genau der gleichen Stelle. Frau Waas hatte es schon hundertmal geflickt, aber es war jedes Mal nach ein paar
5 Stunden wieder da. Dabei gab Jim sich wirklich die allergrößte Mühe vorsichtig zu sein. Aber wenn er nur rasch einmal auf einen Baum klettern musste oder von dem hohen Gipfel herunterrutschte – ratsch –, schon war das Loch wieder da. Schließlich fand Frau Waas die Lösung, indem sie einfach die
10 Ränder des Loches einsäumte und einen großen Knopf zum Zuknöpfen drannähte. Jetzt konnte man das Loch, statt es zu reißen, einfach aufknöpfen, dann war es da. Und statt es zu flicken, brauchte man es nur wieder zuzuknöpfen. Von diesem Tag an wurde Jim von allen Leuten auf der Insel nur
15 noch Jim Knopf genannt.

Michael Ende

Michael Ende hat noch viele Geschichten über Jim Knopf und Lukas den Lokomotivführer geschrieben.

Info

Die Augsburger Puppenkiste hat die Geschichten von Jim Knopf als Puppenspiele aufgeführt. Diese wurden sogar verfilmt und oft im Fernsehen gezeigt. Das Lied „Eine Insel mit zwei Bergen" kennen ganz viele.
Jim Knopf und Lukas der Lokomotivführer begeistern auch als Computerspiel, CD oder Würfelspiel.

Das Zauberbuch

Vor langer Zeit lebte ein kleiner Junge namens Jack mit
seinem Onkel und seiner Tante und einem großen Hund (der
immer Hasen jagte) in einem Haus inmitten der Felder. Jacks
Vater und Mutter waren tot, Onkel und Tante aber behandelten
5 ihn nicht so gut. Vor allem konnte Jack es nicht ausstehen,
wenn Onkel und Tante ihn auf lange Spaziergänge über die
Felder mitschleppten, statt ihn mit dem Hund alleine
rauszulassen.

Eines Tages fand er beim Spielen auf dem Dachboden ein
10 grünes Buch, das unter einem alten Sack in einer Ecke verborgen* lag. Jack schlug das Buch auf und begann zu lesen.
Er hoffte, es würde eine Geschichte erzählen; doch es war
noch etwas viel Besseres.

Seine Augen wurden größer und größer, während er las: Das
15 Buch war voller Zaubertricks. Es erklärte ihm, wie er sich,
ganz nach Wunsch, älter oder jünger machen konnte, wie
man einen Gegenstand in einen anderen verwandelt, wie
Vögel und Tiere tun, was man will, und wie er sich in Luft
auflösen konnte. Und dann kamen noch Zaubersprüche, mit
20 denen man beim Kartenspiel gewann und seine Lektion* mit
einem Blick auswendig konnte.

Ich kann nicht sagen, wie genau es vor sich ging, weil all das schon eine Zeit her ist und das grüne Zauberbuch mittlerweile* verschwunden ist. Doch die meisten Formeln in sol-
25 chen Büchern fangen folgendermaßen* an: „Zieh mit einem langen Stock einen magischen Kreis um dich, und atme dreimal tief durch ..."

Jack versteckte das grüne Buch unter seiner Jacke und nahm es mit hinaus auf das Feld hinter ihrem Garten. Dort machte
30 er es sich bequem und sagte sich: „Als Erstes will ich mich in einen alten Mann verwandeln, damit mein Onkel und meine Tante, falls sie mich sehen, nicht fragen: ‚Was hast du da für ein Buch?'" Also zog er mit einem Stock einen Kreis um sich, atmete dreimal tief durch und sprach die magische
35 Formel ...

Und schon war er kein kleiner Junge mehr, sondern ein alter Mann mit einem langen Bart. Mit einem zweiten Zauberspruch verwandelte er seine alten Kleider in Lumpen, damit Onkel und Tante sie nicht wiedererkennen konnten.

Robert Ranke Graves

Du kannst in dem Buch mit dem gleichen Titel weiterlesen, wie es Jack mit dem Zauberbuch noch ergangen ist.

F-Tsch-Chqu-&%-Wumm-Apparat

Ich hab' 'nen Apparat gebaut,
den trag ich stets bei mir.
Der macht, was ich mir grade wünsch',
den Namen merke dir.
Mein F-Tsch-Chqu-&%-Wumm-Apparat
hilft mir, wo ich bin.
Mein F-Tsch-Chqu-&%-Wumm-Apparat
ist ein tolles Ding.

 Gerhard Schöne

| Chqu | = | kurzes Schnarchgeräusch |
| &% | = | Schnalzen |

Was es alles gibt!

Wir haben heute viele Apparate, durch die Nachrichten und Mitteilungen von einem Menschen zum anderen gelangen können, aber auch aufgehoben, das heißt gespeichert werden können. Dazu gehören auch Bilder und Töne.
Viele dieser Apparate nutzen wir jeden Tag.

Lass uns zusammen die Einladung zu unserem Klassenfest schreiben.

10 Uhr

Wollen wir uns heute Nachmittag den Videofilm von meinem Geburtstagsfest anschauen?

14 Uhr

Ich muss erst noch für Mathe üben. ... Gut. Bis später.

1 Benenne die Apparate, die die Kinder in den Zeichnungen benutzen.

2 Welche anderen Apparate dieser Art kennst du noch?

3 Erkläre, was du mit ihnen machen kannst.

Mit dem Computer kann man vieles tun

E-Mails verschicken und empfangen

Informationen beschaffen und austauschen

spielen

arbeiten

lernen und üben

schreiben, malen und zeichnen

Als der Computer erfunden wurde, war er nur als Arbeitsgerät für Wissenschaftler gedacht. Heute hat fast jede Familie einen PC*. Es gibt Lernprogramme für Schüler, Spiele zur Unterhaltung und besondere Programme für viele Berufe.

5 Mit dem Computer kannst du Texte schreiben und schön gestalten. Um einen Text zu schreiben, brauchst du ein Schreibprogramm, zum Malen oder Zeichnen ein Zeichenprogramm. Mit einem Drucker kannst du ausdrucken, was du geschrieben oder gezeichnet hast.

10 Viele Computer haben auch einen Internetzugang. Im Internet lassen sich über Suchmaschinen schnell und einfach Informationen finden. Über das Internet kannst du auch E-Mails verschicken und empfangen.

1 Kennst du noch andere Aufgaben, die man mit dem Computer erledigen kann?

Speisekarte (mit Druckfehlern)

So kann's gehen, wenn man mit dem Computer schreibt!

Häute empfiehlt der Kükenchef:

Alte Torspeisen
Kotzarella mit Basilikrumm
Stinkenrolle

Arme Torspeisen und Puppen
Dreck mit Ei
Hackerbsenpuppe

Hauptreisen
Wiener Schnipsel
Drahthuhn mit Pantoffelsalat
Fleischblödel mit Braut

Nachtspeisen
Apfelpudel
Harzfelder Hirschtorte

Gerda Anger-Schmidt

1 Was möchtest du von dieser Speisekarte probieren?
Gib deine Bestellung auf.

2 Schreibe deine eigene Spaß-Speisekarte. Du kannst sie auch
mit dem Computer gestalten.

Geh raus!

„Ich verstehe das einfach nicht!" Nora verdreht genervt die Augen. Jeden Tag macht ihre Mutter das gleiche Theater. „Mama, bitte!", sagt Nora. „Ich schreibe gerade eine E-Mail."

5 „Du schreibst den ganzen Tag E-Mails", gibt ihre Mutter zurück. Sie steht in der Tür zu Noras Zimmer und blickt den Computer auf Noras Schreibtisch böse an. „Und wenn du keine E-Mail schreibst, suchst du etwas im Internet. Oder du spielst irgendein Computerspiel." Sie schüttelt den Kopf. „Es
10 ist so schön draußen. Warum gehst du nicht spielen?" „Weil alle meine Spiele hier sind", erwidert Nora und deutet auf die Computerspiele in ihrem Regal. Jetzt verdreht Noras Mutter die Augen. „Ich meine richtige Spiele", brummt sie. „Als ich in deinem Alter war, habe ich nicht den ganzen Tag in
15 meinem Zimmer gehockt.""Natürlich nicht!", meint Nora. „Da gab's ja auch noch keine Computer." „Warum rufst du nicht eine Freundin an und –" „Ich schicke gerade eine E-Mail an eine meiner Freundinnen", antwortet Nora nur. „Dann bitte sie doch, herzukommen." „Wozu? Sie hat selbst
20 einen Computer." Noras Mutter schüttelt ein letztes Mal den Kopf und geht. Erleichtert seufzt Nora auf und tippt ihre E-Mail zu Ende. Dann klickt sie auf Senden.

„Hängst du schon wieder vor dem Bildschirm?" Diesmal ist es Noras Vater, der in der Tür steht.
25 „Willst du mir sagen, dass es draußen schön ist?", fragt Nora. „Das weiß ich schon von Mutti."
In dem Moment piepst der Computer.
„Ich habe eine E-Mail bekommen", erklärt Nora ihrem Vater und klickt auf Lesen.

Hi, Nora. Meine Eltern nerven schon den ganzen Tag und wollen, dass ich nach draußen gehe.

Hast Du Lust, zu mir zu kommen? Wenn ich schon rausgehen muss, dann könntest Du mir wenigstens helfen, den Computer in den Garten zu tragen.

35 Nora lacht laut auf. Eine glänzende* Idee: den Computer nach draußen tragen. Nora tippt schnell eine Antwort und steht auf. „Verlässt du tatsächlich deinen Computer?", fragt ihr Vater überrascht. „Ja, ich gehe rüber zu Helena." Nora grinst. „Wir gehen raus!" „Halleluja!", ruft ihr Vater und hebt
40 die Arme in die Höhe. „Na dann, viel Spaß!"
Als Nora bei Helena ankommt, wartet die schon vor der Tür. Sie hält eine Leine in der Hand, an der ihr Hund auf und ab hüpft. „Hättest du was dagegen, mit Zorro spazieren zu gehen?", fragt Helena, nachdem sich die beiden begrüßt
45 haben. „Solange wir draußen sind", erwidert Nora und grinst. „Meine Eltern nerven mich nämlich schon den ganzen Tag damit." Helena nickt. „Meine auch."
Eine Stunde später kommen die beiden Mädchen von ihrem Spaziergang zurück. „Kommst du noch mit rein?", fragt
50 Helena. „Wir könnten Computer spielen." Nora nickt begeistert. Als Helena die Tür zu ihrem Zimmer aufmacht, drehen sich ihre Eltern überrascht um. Sie sitzen beide vor Helenas Computer und lesen eine E-Mail. „Ähm, Noras Eltern haben uns gerade eine E-Mail geschickt", erklärt Helenas
55 Vater. „Meine Eltern?" Nora ist überrascht. „Darf ich mal kurz antworten?", fragt sie, geht an den Computer und tippt schnell ein paar Worte. Dann klickt sie auf Senden. „Was hast du geschrieben?", fragt Helena neugierig. Nora grinst. „Geht raus! Liebe Grüße, Eure Tochter."

Vanessa Walder

153

AN.TEN.NE.AB.5

15.00 Nachrichten vom Mond

15.05 4-3-2-1-0: Ferienflug zum Mars
Abenteuerfilm

15.30 Technik-Bastel-Stunde
Bau eines F-Tsch-Chqu-&%-Wumm-Apparats

16.00 Sprechstunde bei Robi
Der Hausaufgabenroboter hilft.

16.30 Mini-Computer-Club

16.45 Tele-Dollies
Puppenserie

17.00 Besuch im Dino-Zoo
Bei den Tierkindern

17.30 Wunschfilm der Woche

18.00 Nachrichten vom Mond

18.05 Wetter
mit den Abflugzeiten der Raumgleiter

18.10 Mondmännchen

GASPIRTZ '95

„WOHIN DAMIT?"

Ein wirklich toller Abend

Die Eltern von Franz und Gabi sind zusammen ins Theater gegangen. Gabi und Franz sind ganz alleine in der Wohnung.

Der Franz und die Gabi setzten sich ins Wohnzimmer. „Spielen wir Memory?", fragte der Franz. „Nein, da gewinnst du immer", sagte die Gabi. „Spielen wir Domino?", fragte der Franz. „Nein, das ist langweilig", sagte die Gabi. „Was willst
5 du denn spielen?", fragte der Franz. „Mach das Fernsehen an!", sagte die Gabi. „Da kommt gleich ein Krimi."
Der Franz knipste den Fernseher an. Werbung! Der Franz und die Gabi schauten Damen an, die sich mit Creme einschmierten, Herren, die Joghurt aßen, Zwerge, die Gemüse ernteten.
10 Kekse, die aus flüssiger Schokolade auftauchten, Kinder, die gelben Saft tranken, und Windeln, auf die blaue Flüssigkeit tropfte.

Die Gabi wollte mit dem Franz „Werbung-Raten" spielen. Sie sagte: „Wer von uns schneller errät, wofür eine Werbung ist,
15 hat gewonnen!" „Na gut", sagte der Franz.
Nach der neunten Werbung rief er: „Das ist ein blödes Spiel!"
Die Gabi hatte nämlich neunmal zuerst geraten, wofür da geworben wurde.
„Das sagst du nur, weil ich besser bin!", rief die Gabi. „Ist
20 keine Kunst, wenn du dir das jeden Tag anguckst!", rief der Franz. „Immer nur, was du kannst, wär bei dir eine Kunst!", rief die Gabi. „Werbung ist sowieso blöd!", rief der Franz.
Aber da war die Werbung ohnehin schon zu Ende und der Krimi fing an. Der Franz merkte gleich, dass der Film von der
25 Sorte war, die ihm Gänsehaut machte. ...

A Christine Nöstlinger

1 Passt die Überschrift zur Geschichte?
Begründe deine Meinung.

Sommer

In einer Wiese gehn,
sie anschaun und verstummen:
Die Blumen leuchten schön,
die Bienen summen,
5 Käfer krabbeln im Gras,
Ameisen schleppen dies und das,
eine pelzige Hummel
fliegt mit Gebrummel
über die Gräser dahin.
10 Ganz weiß und leise
geht ein Schmetterling
auf die Reise ...

Georg Bydlinski

Sommer

Weißt du, wie der Sommer **riecht**?
Nach Birnen und nach Nelken,
nach Äpfeln und Vergissmeinnicht,
die in der Sonne welken,
5 nach heißem Sand und kühlem See
und nassen Badehosen,
nach Wasserball und Sonnenkrem,
nach Straßenstaub und Rosen.

Weißt du, wie der Sommer **schmeckt**?
10 **Nach** gelben Aprikosen
und Walderdbeeren, halb versteckt
zwischen Gras und Moosen,
nach Himbeereis, Vanilleeis
und Eis aus Schokolade,
15 **nach** Sauerklee vom Wiesenrand
und Brauselimonade.

Weißt du wie der Sommer **klingt**?

Ilse Kleberger

① Schreibe das Gedicht zu Ende.
Notiere dir Stichwörter, wie für dich der Sommer klingt. Bilde aus den Stichwörtern Sätze, die immer abwechselnd mit dem Wort **nach** und dem Wort **und** beginnen. Verziere dein Gedicht mit den Farben des Sommers.

Sommerlexikon

Himbeeren – Erntezeit für die roten Früchte ist im Juli und August. Sie enthalten Vitamin C und sind süß. Wild wachsende Himbeeren sollst du nicht essen!

Johanniswürmchen oder Glühwürmchen sind Leuchtkäfer.
5 Das Weibchen sieht wie ein gelblich grünes Würmchen aus. Es kann nicht fliegen. Das Männchen ist ein 1cm langer graubrauner Käfer, der in warmen Nächten um den Johannistag (24. Juni) als leuchtendes Pünktchen durch das Dunkel fliegt.

10 **Zecken** leben auf Gräsern, in Sträuchern und im Unterholz. Sie befallen Tiere und Menschen und saugen ihr Blut. Dabei können sie viele Krankheiten übertragen. Gehe deshalb nach einem Zeckenbiss unbedingt zu einem Arzt.

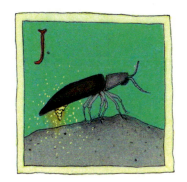

1 Wann kannst du Himbeeren ernten?

2 Worin unterscheiden sich männliche und weibliche Glühwürmchen?

3 Kannst du das Sommerlexikon ergänzen?

Schatten in der Nacht

Tina schläft fast. Sie blinzelt noch einmal zu Laura hinüber, und schon atmet sie tief durch. Sie ist eingeschlafen. Das war genau das, was die zwei sich gewünscht hatten: eine Nacht im Zelt im Garten.

5 „Wenn es nicht regnet, schlafen wir draußen", hatten Tina und Laura verabredet, „am Anfang der großen Ferien."
Es ist ziemlich dunkel im Garten, nur ein schmaler Mond und die Straßenlaterne geben ein bisschen Licht. Da wird Tina wach. Sie blinzelt zu Laura. Der Schlafsack ist leer. Laura

10 ist nicht da. Tina ist sofort hellwach. Sie schaut sich um und sieht, dass sich etwas bewegt. Ein Schatten huscht über die Zeltwand! Sie kann ihn ziemlich genau erkennen. Eine Frau – oder ein Mann? Die langen Beine! Da schleicht sich einer an. Wo ist Laura? Der Schatten bewegt sich schneller. Die haben

15 Laura geholt! Und gleich ist sie dran. Tina stockt der Atem. Ihr Herz klopft. Tina verzieht sich in den Schlafsack. Der Schatten kommt wieder näher. Hilfe! „Die werfen gleich einen Sack über mich", denkt sie.

Doch da ist Lauras Stimme! Laura steckt den Kopf ins Zelt.
20 „Bist du wach?" Tina starrt Laura an. Die hat vielleicht Fragen.
Und wo sind die Männer? „Ich habe mein Silberkettchen
verloren", sagt Laura. „Ich habe es plötzlich gemerkt. Ich
muss es vor dem Zelt auf dem Rasen verloren haben. Ich
wollte dich nicht wecken ..."
25 „Und ich dachte ..." Und Tina erzählt alles. Sie hocken
nebeneinander im Zelt. Mensch, war das schlimm. Sie holen
beide Luft und atmen tief durch. „Und, hast du es wieder,
dein Kettchen?", fragt Tina. „Nein." Laura ist traurig. „Wie
wäre es hiermit?" Tina hat etwas Glitzerndes neben Lauras
30 Luftmatratze gesehen. Es ist das Kettchen. „Gott sei Dank",
seufzt Laura. Dann schlafen die zwei ein. Nur der Mond ist
noch wach, und der Wind wiegt die Schatten der Bäume.

Elisabeth Zöller

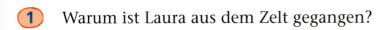

1 Warum ist Laura aus dem Zelt gegangen?

2 Lies die Geschichte spannend vor. Achte darauf, wo du leiser
oder lauter sprechen musst.

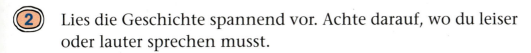

Die Geschichte von Laura und Tina steht zusammen mit
anderen Geschichten in dem Buch von Elisabeth Zöller „Die
schönsten Erstlesegeschichten".

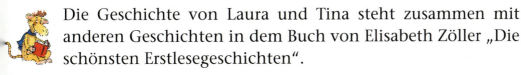

Mit Findus durch den Sommer ...

Findus lag auf dem Bootssteg und angelte. Es war warm, aber Findus wollte nicht baden. Wirklich langweilig! Wenn er doch ein Flugzeug hätte oder wenigstens ein eigenes Fahrrad. Oder ... ein Boot! Findus sprang auf und holte sich ein paar Schilfblätter, trockene Halme von alten Sumpfbinsen, die an Land gespült worden waren, und ein Stück Rinde von einer Kiefer. Dann veranstaltete er eine Regatta* mit seinen Segelbooten auf dem See.

Sven Nordqvist

① Beschreibe nach den Bildern, wie Findus die Boote baut.

② Versuche ein Boot nachzubauen. Vorsicht! Schneide dich nicht an den Schilfblättern.

Ferientag im Freizeitpark

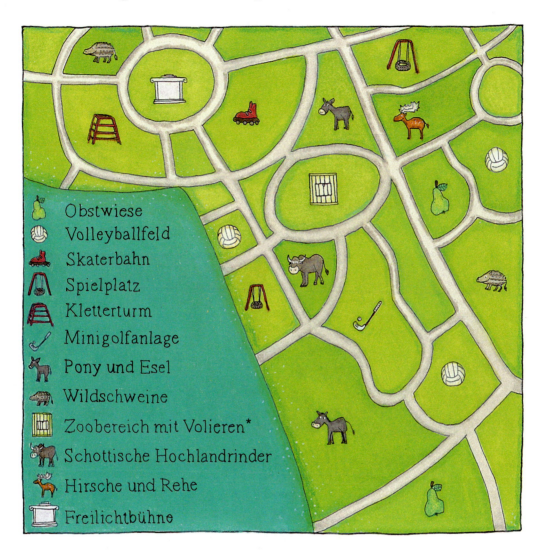

Obstwiese
Volleyballfeld
Skaterbahn
Spielplatz
Kletterturm
Minigolfanlage
Pony und Esel
Wildschweine
Zoobereich mit Volieren*
Schottische Hochlandrinder
Hirsche und Rehe
Freilichtbühne

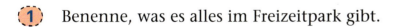

1 Benenne, was es alles im Freizeitpark gibt.

2 Welche Tiere haben ihren eigenen Bereich
im Freizeitpark?

3 Wo kannst du spielen und klettern?

4 Du möchtest Vögel sehen. Wo musst du suchen?

Popinga geht baden

Peter Schössow

1 Beschreibe die Hauptfigur Popinga.

2 Spiele Popinga ohne Worte nach.

3 Schreibe zu jedem Bild etwas Lustiges auf.

Als es nicht regnen wollte

> Wenn es nicht bald regnet, falle ich um. Ich sterbe vor Langeweile. Dieses hässliche schöne Wetter! Ich fühle, dass ich umfalle, wenn es nicht bald regnet!

Aber es regnet nicht. Am Himmel steht die Sonne und scheint. Und wenn sie untergeht, ist es noch immer heiß und schwül. Die Blätter an den Bäumen sind dürr; die Blumen blühen auf und verwelken gleich wieder; die Vögel suchen ängstlich
5 nach Wasser. Selbst der Bach ist ausgetrocknet. Der Regenschirm aber in der Ecke fällt wirklich um vor Ärger und Langeweile. Endlich gucken ein paar neugierige Wölkchen ganz hinten am Himmelsrande hervor. Und immer mehr Wolken kommen. Sie fangen zu streiten an und stoßen mit
10 den Köpfen aneinander. Und wisst ihr das? Wenn Wolken sich die Köpfe stoßen, platzen sie. Und wenn sie platzen, regnen sie. So kommt es, dass an diesem Tag ein tüchtiger* Regen auf die Erde fällt.
Die Blätter und Blumen atmen frisch und trinken sich satt.
15 Der Bach rauscht. Der Regenschirm geht mit Fritzchen auf dem Hofe spazieren. Er bläht sich vor Freude und denkt an den Spazierstock. Der steht traurig in der Ecke, weil er nicht mitgenommen wird.

Paula Dehmel

① Lies den Text in der Sprechblase mit weinerlicher Stimme vor.

② Welche Dinge aus der Natur findest du im Text?

③ Warum ist der Regen gerade im Sommer so wichtig?

Wir backen Stockbrot

Du brauchst:
450 g Mehl
1 Teelöffel Salz
2 Teelöffel Backpulver
200 ml* Milch
frisch abgeschnittene
Stöcke

- Vermische gründlich Mehl, Salz und Backpulver in einer Schüssel.
- Füge nach und nach die Milch zu, verrühre alles zu einer Masse und knete den Teig durch.
- Forme aus kleinen Teigstückchen dünne Rollen.
- Wickle diese wie eine Spirale um die Stockspitzen und backe sie durch Drehen über der Glut* des Feuers.

Bei der Picknickpause in Pappelhusen
aß Papa mit Paul zwei Pampelmusen.
Doch bei dem Pampelmusengebabbel
purzelte plötzlich der Paul von der Pappel
5 mit dem Popo in Papas Picknickplatte,
wo Papa die Pampelmusen hatte.
„O Paul", schrie Papa, „du bist ein Trampel!
Plumpst mitten in meine Musepampel –
ich wollte sagen Mampelpuse –
10 nein: Pampelmase – nein: Pampelmuse!!"
Das gab vielleicht ein Hallo!
Die Pappeln, der Papa, der Paul und sein Po,
das Picknick, die Platte (um die war es schad')
das war ein Pampelmusensalat!

Hans Adolf Halbey

Ferienspiele

Strandspiel: Ungerade

Zwei Spieler legen für dieses Spiel fünfzehn Steinchen oder Muscheln zusammen. Nehmt nun abwechselnd ein, zwei oder drei Steinchen auf. Merkt euch genau die Anzahl der
5 von euch aufgenommenen Steinchen! Nun heißt es clever sein! Wer zuletzt eine ungerade Anzahl Steinchen besitzt, hat verloren!

Superhirn

Für dieses Spiel braucht ihr ein gutes Gedächtnis.
10 Lege sieben bis fünfzehn recht unterschiedliche Steine in eine Reihe. Je mehr Steine du nimmst, desto schwieriger ist es für den Spielpartner. Der muss sich jetzt umdrehen! Nun kann er nicht sehen, welchen Stein du wegnimmst und gegen einen anderen ersetzt. Diesen neuen Stein muss er erraten.
15 Rät er richtig, bekommt er einen Punkt. Kann er den ausgetauschten Stein beschreiben, erhält er zwei weitere Punkte. Jetzt bist du mit Raten an der Reihe.

1 Schreibe nun auf eine Liste, **was** du für jedes Spiel brauchst, **wie viele** Kinder mitspielen können und **wo** du das Spiel überall spielen kannst.

Hier und anderswo

Guck in die Welt

Guck aus der Wiege,
guck aus dem Bett,
guck in die Welt übers Fensterbrett.

Guck in den Garten,
5 guck durch das Tor,
guck unterm Rand deiner Mütze hervor.

Guck um die Ecke,
guck gradeaus,
guck in das Himmelsblau über dem Haus.

10 Guck!

 Vera Ferra-Mikura

Das eine Kind ist so, das andre Kind ist so ...

Die Gisa hat 'nen Lockenkopf
und kaffeebraune Haut,
ein langes, weißes Schnuffeltuch,
und schreien kann sie laut.

5 Der Ole trägt 'ne Brille
und hat Haare blond wie Stroh.
Er singt den ganzen Tag
aus voller Kehle irgendwo,
und eines Tages hört man ihn
10 bestimmt im Radio.

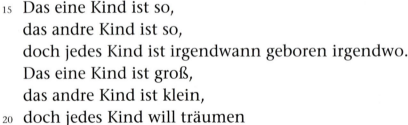

Zum Glück gibt's zwischen Kindern
so manchen Unterschied,
sonst wär' die Langeweile groß,
und es gäb' bestimmt nicht dieses Lied:

15 Das eine Kind ist so,
das andre Kind ist so,
doch jedes Kind ist irgendwann geboren irgendwo.
Das eine Kind ist groß,
das andre Kind ist klein,
20 doch jedes Kind will träumen
und vor allem glücklich sein,
vor allem glücklich sein.

Maria kommt aus Griechenland,
Rodrigo aus Peru.
25 Ich komm' aus Hamburg-Altona,
na und – woher kommst du?

Rolf Zuckowski

Europakarte

Wie heißen die Länder richtig?

Krankreich

Klösterreich

Engelland

Spaniel

Schrottland

Kriechenpfand

Kussland

Gerda Anger-Schmidt

Wirf mir den Ball zurück, Mitura!

Ich werfe meinen Ball, meinen gelben Ball.
Er fliegt über Häuser und Bäume.
Er fliegt über Berge und Täler,
weit, weit, weit.

5 Du fängst ihn und sagst „palla",
das heißt Ball,
du sagst „giallo", das heißt gelb,
du sagst „amico", das heißt Freund.
Und du wirfst mir den Ball zurück,
10 mein Freund aus Italien.

Ich werfe meinen Ball, meinen gelben Ball.
Er fliegt über Häuser und Bäume.
Er fliegt über Felder und Wälder,
weit, weit, weit.

15 Du fängst ihn und sagst „pie-uka",
das heißt Ball,
du sagst „djuuta", das heißt gelb,
du sagst „pschyjazjel", das heißt Freund.
Und du wirfst mir den Ball zurück,
20 mein Freund aus Polen.

Ich werfe meinen Ball, meinen gelben Ball.
Er fliegt über Häuser und Bäume.
Er fliegt über Länder und Meere,
weit, weit, weit.

25 Du fängst ihn und sagst ...

Ilse Kleberger

Spiele

Knotenmutter

Das ist ein Spiel von den Philippinen. In Italien nennt man es „Spaghetti" und in Griechenland den „gordischen Knoten". Alle Kinder bilden – ohne sich anzufassen – einen großen
5 Kreis. Auf ein Kommando hin schließen alle die Augen und gehen langsam mit nach vorn gestreckten Armen in die Kreismitte. Wenn ihr die Hand eines anderen berührt, dann haltet sie fest. Sucht dann eine weitere Hand und haltet auch diese fest. Nun könnt ihr die Augen aufmachen: Alle müssten jetzt
10 einander an den Händen halten – allerdings furchtbar verknotet. Nun sucht ihr das Hand- und Armknäuel behutsam zu entwirren. Ihr könnt die Arme drehen, übereinander wegsteigen, untereinander durchkriechen …

Thomas Trautmann

Blindenslalom

15 Das Spiel ist aus Tschechien.
Es wird ein Laufkurs mit Hindernissen aufgebaut. Ein Kind versucht mit verbundenen Augen diese Hindernisse zu überwinden. Die anderen Kinder sind Lotsen* und sollen den Läufer durch Zurufen durch den Hinderniskurs leiten. In
20 Tschechien spielt man mit zwei Mannschaften. Zwei Kinder sind ein Team: ein Läufer und ein Lotse. Die Zeit wird gestoppt.

> Passt auf, dass ihr
> euch nicht wehtut!

1 Welche Lieblingsspiele hast du?

2 Wähle zwei davon aus. Schreibe auf, wie sie gespielt werden. Zusammen könnt ihr eine Spielekartei anlegen.

Die Reisemaus in Griechenland

Die Reisemaus und ihre Freunde machen ein Picknick. Dazu gibt es Oliven, die schmecken einfach toll! „In Griechenland kann man Oliven direkt von den Bäumen pflücken!", weiß die Reisemaus. Und schon hat sie die Reiselust gepackt. Am
5 nächsten Tag fliegt sie gleich los!
Griechenland liegt ganz im Süden von Europa. In Griechenland gibt es mehr als 2000 Inseln!
Hier trifft die Reisemaus ihren griechischen Freund Jorgos. Er zeigt ihr die Akropolis, eine Tempelanlage mit riesigen
10 Säulen. „In der Akropolis sollen früher die Götter gewohnt haben", erklärt Jorgos.
Am liebsten möchte die Reisemaus alles auf einmal angucken – aber es ist ja sooo heiß in Athen! Die beiden Freunde machen erst einmal eine Pause in einer Taverna. So heißen
15 hier die Restaurants. Jorgos erzählt der Reisemaus von Hellas, so heißt Griechenland auf Griechisch.
Jorgos und die Reisemaus baden im Meer. Danach fahren sie eine Runde mit dem Tretboot. Hinterher geht's noch auf einen Markt. Was es hier alles gibt!
20 Am Abend wird gefeiert! Und zwar mit Rembetiko – griechischer Volksmusik. Die Reisemaus tanzt Sirtaki, das macht einen Riesenspaß. Dann geht's wieder nach Hause. Jássu, tschüss, Jorgos!

Angela Lenz

 Die Reisemaus fährt auch nach Dänemark, Großbritannien, Italien, Spanien und in die Türkei. Angela Lenz stellt dir in ihren Büchern über die Reisemaus diese Länder vor. Du kannst dir auch einige der Reiseberichte auf CD oder auf Kassette anhören.

Griechischer Bauernsalat

Du brauchst:
2 Tomaten
1 Zwiebel
1 Gurke
1 Paprikaschote
Kräuter
Für die Soße:
3 Esslöffel Öl, 1 Esslöffel Essig
etwas Salz, etwas Pfeffer (wenn du magst)

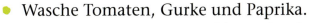

- Wasche Tomaten, Gurke und Paprika.
- Schneide die Tomaten in kleine Stücke.
- Entkerne die Paprikaschote.
- Schneide die Gurke, die Paprikaschote und die Zwiebel in Scheiben.
- Gib alles in eine Schüssel. Du kannst die Zutaten vorsichtig vermengen.
- Verrühre die Zutaten für die Soße und gieße sie über den Salat.
- Streue die Kräuter darüber.

Der Salat reicht für vier Kinder.

Russland

Russland ist das größte Land der Erde. Es reicht bis nach Alaska. Aber nur ein Teil gehört zu Europa. Die Hauptstadt Russlands heißt Moskau.

Tiere

5 In den riesigen Wäldern im Norden Russlands leben Elche, Braunbären und sogar Wölfe.

Wetter

Im Sommer ist es in großen Gebieten Russlands warm, der Winter bringt besonders im Norden viel Eis und Schnee.

10 **Sprache und Schrift**

Die Menschen in Russland sprechen Russisch. Sie verwenden die kyrillische Schrift. Sie ist neben unserer lateinischen Schrift die in Europa am meisten verbreitete Schrift.

Info

Sibirien liegt im Osten Russlands. Durch Sibirien führt die längste Eisenbahnstrecke der Erde: die Transsibirische Eisenbahn. Es gibt aber auch viele Orte in Sibirien, die nur mit dem Flugzeug erreicht werden können.

Russischer Kindervers

Я медведя поймал!
Так веди сюда!
Не идёт.
Так сам иди!
Да он меня не пускает!

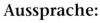

Aussprache:
Ja medwedja poimal!
Tak widi ssjuda!
Nje idjot.
Tak ssam idi!
Da on minja nje pusskajet!

Übersetzung:
Ich habe einen Bären gefangen!
So führ ihn her!
Er kommt nicht.
Dann geh selber!
Aber er lässt mich nicht los!

Lexi verabschiedet sich

Auf Wiedersehen!
Hasta la vista!
Güle, güle!
Au revoir!
Doswidanja!
Good bye!
Arrivederci!

A
B
C
D
E
F
G
H
I
J
K
L
M
N
O
P
Q
R
S
T
U
V
W
X
Y
Z

*Schwierige Wörter

A

absolut (hier): unter keiner Bedingung; durch nichts zu
  bewegen
akrobatisch: turnerisch
allergisch: überempfindlich; manche Menschen
  bekommen durch Tierhaare, Federn oder
  Blüten einen Hautausschlag oder Husten

akrobatisch

B

Bischof, der: Person, die besondere Aufgaben, viel
  Verantwortung in der Kirche hat

C

checken: prüfen
Cockpit, das: im Flugzeug dort, wo der Pilot sitzt, oder im
  Rennauto der Platz des Fahrers
Crew, die: Mannschaft auf einem Schiff oder in einem
  Flugzeug

Bischof

D

Denkmal, das: ein Haus, ein Stein oder eine große Figur
  im Freien; es soll an Personen oder Ereignisse erinnern
dumpf: undeutlich
Dutzende, die: zu einem Dutzend gehören 12 Stück

E

Eichhorn, das: Eichhörnchen
euereins: einer von euch

Denkmal

F

folgendermaßen: so

Eichhorn

G

gehisst (hissen): Segel an einem Masten oder Fahnen an
    einer Stange hochziehen

gelichtet (lichten): einen Anker hochziehen und
    losfahren

Germanen, die: Menschen, die vor sehr langer Zeit in
    Europa lebten

glänzend (hier): sehr gut

Glut, die: wenn Holz oder Kohle brennen und ähnlich wie die
    Sonne glühen; sie geben dann sehr viel Wärme ab; zum
    Beispiel beim Grillen

Germanen

H

hernieder: herunter

I

immerfort: ständig; ununterbrochen

Iren: Menschen aus Irland

Glut

K

Kirmestanz, der: Tanz auf einem Volksfest, Jahrmarkt

Kohlendioxid, das: Bestandteil der Luft

Kunstkammer, die: früher sammelten Fürsten schöne Bilder,
    schönes Geschirr und Schmuck. Diese Dinge wurden in
    besonderen Räumen aufbewahrt; Schatzkammer

L

Larve, die: junge Insekten, die sich noch verwandeln; zum
    Beispiel werden aus Raupen Puppen und später
    erwachsene Insekten

lebensgroß: wie in Wirklichkeit

Lektion, die (hier): Hausaufgaben; Abschnitt in einem
    Lehrbuch

Larve

A B C D E F **G** H I J K L M N O P Q R S T U V W X Y Z

A B C D E F G H I J K L M N O P Q R S T U V W X Y Z

Lotse, der: jemand, der den richtigen und sicheren Weg zeigt; ein Fluglotse hilft Flugzeugen sicher unterwegs zu sein; ein Schülerlotse hilft Kindern über die Straße

Lotse

M

Mahl, das: eine Mahlzeit, ein Essen

Mähne, die: viele lange Haare an Kopf, Hals und Schultern bei Menschen und Tieren

meinesgleichen: jemand, der so ist wie ich

Meute, die: eine Gruppe von Jagdhunden

Mittelalter, das: Zeit, in der die Ritter lebten

mittlerweile: in der Zeit von damals bis jetzt; in der Zwischenzeit

ml = Milliliter, der: ein ganz kleiner Teil von einem Liter Flüssigkeit (Milch oder Wasser)

Mittelalter

Morgenröte, die: wenn die Sonne am Morgen aufgeht, färbt sich der Himmel rosarot

Musical, das: spielt man auf der Bühne; Stück, in dem gesprochen, gesungen und getanzt wird

O

Ossetien: Landschaft; ein Teil davon gehört heute zu Russland

P

Passagiere, die: Fahrgäste in Flugzeugen und auf Schiffen

PC, der: Personal Computer, Computer

plüschen: aus weichem Stoff (aus Plüsch)

Puppe, die (hier): eine umgewandelte Larve; schau auch bei „Larve" nach

R

Regatta, die: Rennen auf dem Wasser mit Booten oder Schiffen

Regatta

Rumoren, das: das Lärmmachen, das Krachmachen

S

Santa Cruz: eine Stadt in Chile

scharren: auseinanderkratzen, wühlen

schmächtig: schmal, schwächlich aussehen

Schneebesen, der: Küchengerät zum Schlagen von Eiweiß
oder Schlagsahne

Schneebesen

Servus: sagt man in Bayern und Österreich für: Guten Tag!
und: Auf Wiedersehen!

Söller, der: eine Art großer Balkon, der auf Mauern, Pfeilern
oder Säulen steht

Stadtmusikant, der: ein Musiker, der in der Stadt mit seinem
Instrument auf der Straße spielt

Söller

T

Tohuwabohu, das: ein Durcheinander

tüchtig (hier): stark, kräftig

U

unselig: schlimm

V

verborgen: versteckt

verdrießlich: ärgerlich

verdutzt: überrascht

Volieren, die: Vogelhäuser; große Käfige für Vögel; sind oft im
Freien

verdutzt

W

Weidevieh, das: Schafe, Kühe, Ziegen, Pferde, die auf der
Wiese Nahrung suchen

Whydah: Name eines Schiffes; sprich: Wida

A B C D E F G H I J K L M N O P Q R S T U V W X Y Z

181

Fachbegriffe

• **Abschnitt,** der: Teil von etwas Geschriebenem oder Gedrucktem.

• **Autor/Autorin,** der/die: Jemand, der einen Text geschrieben hat (Schriftsteller, Verfasser).

• **Bibliothek,** die: In einer Bibliothek oder Bücherei stehen viele Bücher, die nach den Namen der Autoren oder nach Sachgebieten geordnet sind. Häufig kann man dort nicht nur Bücher ausleihen, sondern auch Zeitschriften, CDs, CD-ROMs, Spiele, Kassetten und Videofilme.

• **Comic,** der: Comic ist das Kurzwort für Comicstrip. Comics erzählen Geschichten in Bildstreifen. Was die Menschen, Tiere und Figuren der Geschichten denken und sprechen, steht in Denk- und Sprechblasen.

• **Gedicht,** das: Gedichte sind meist kurze Texte. Oft reimen sich die Wörter am Ende einer Zeile, sie klingen dann gleich oder sehr ähnlich. Gedichte bestehen aus einzelnen Abschnitten (Strophen).

• **Geschichte,** die: Etwas, was sich so ereignet haben könnte. Geschichten müssen also nicht unbedingt wahr sein.

• **Hörspiel,** das: Ein gesprochener Text, in dem mehrere Personen vorkommen. Häufig werden auch Geräusche, Lieder und Instrumente eingesetzt.

• **Inhaltsverzeichnis,** das: Fast jedes Buch oder jede Zeitschrift hat vorn oder hinten ein Inhaltsverzeichnis. Dort kann man nachschlagen, auf welchen Seiten die Texte, die Geschichten stehen.

- **Kapitel,** das: Größerer Abschnitt eines Buchs. Es hat meistens eine eigene Überschrift.

- **Lexikon,** das: Ein Buch, in dem man nachschlagen kann, wenn man etwas wissen will. Dort ist alles Wissenswerte nach dem Abc geordnet. Häufig sind auch Bilder mit dabei. Viele Lexika bekommt man nicht nur als Buch, sondern auch als CD-ROM.

- **Märchen,** das: „Es war einmal ..." So beginnen oft Märchen. Märchen sind erfundene Geschichten, die häufig von wunderbaren Dingen erzählen, die es in Wirklichkeit nicht gibt. Gegenstände und Tiere können sprechen. Es gibt Zauberer, Drachen, Riesen, Zwerge und Hexen in Märchen. Wir erfahren nicht genau, wann und wo die Geschichte spielt. Sie könnte sich überall zugetragen haben.

- **Reim,** der: Wenn zwei oder mehrere Wörter oder Teile der Wörter gleich oder sehr ähnlich klingen, dann reimen sie sich. Zum Beispiel Maus – Haus.

- **Strophe,** die: Abschnitt eines Lieds oder eines Gedichts. Eine Strophe besteht aus Zeilen (Versen), die sich oft reimen.

- **Titel,** der: Name eines Buches, eines Bildes oder eines Films

- **Überschrift,** die: Sie steht über einem Text und verrät schon etwas von dem, was im Text steht. Sie soll auf den Text neugierig machen und zum Lesen anregen.

- **Vers,** der: Zeile eines Gedichts. Zwei oder mehr Verse eines Gedichts können ähnlich klingen. Dann reimen sie sich.

- **Zeile,** die: Alle Wörter eines Textes, die in einer Linie/einer Reihe nebeneinander stehen. In einem Gedicht nennt man die Zeile auch Vers.

Autorenlexikon

Andersen, Hans Christian

Hans Christian Andersen lebte in Dänemark. Er schrieb viele Märchen; zum Beispiel „Die Prinzessin auf der Erbse" und „Des Kaisers neue Kleider". Der Vater von Hans Christian war ein Schuhmacher und verdiente nicht viel Geld. Weil man früher aber für den Schulbesuch Geld bezahlen musste, konnte Hans Christian nur selten zur Schule gehen. Weil er aber so klug war, bezahlte später der König für den Schulbesuch.

Fallersleben, August Heinrich Hoffmann von

August Heinrich Hoffmann von Fallersleben hieß mit Familiennamen eigentlich nur Hoffmann. Er wurde im Ort Fallersleben geboren. Als Dichter hängte er den Namen seines Geburtsortes an seinen Familiennamen an. August Heinrich Hoffmann von Fallersleben hat die Texte für viele alte Lieder gedichtet, zum Beispiel für „Ein Männlein steht im Walde" oder „Alle Vögel sind schon da".

Ferra-Mikura, Vera

Vera Ferra-Mikura lebte in Österreich und schrieb Kinderbücher und Gedichte. Als sie noch ein Kind war, besaßen ihre Eltern eine Tierfutter- und Vogelhandlung. Schon früh half sie im Geschäft der Eltern mit. Ihr Vater schrieb in den Pausen dort Gedichte. Die kleine Vera machte es ihm nach. Der Vater ließ die Gedichte auf Tierfuttersäcke drucken und verteilte sie unter den Kunden.

Guggenmos, Josef

Als Josef Guggenmos das Gymnasium besuchte, gehörten zu seinen Lieblingsfächern Deutsch und Naturkunde. Er hatte nur eine schlechte Note – eine Fünf in Boxen. Das war im Sport Pflicht für die Jungen. Da er sich mit anderen Kindern nicht schlagen wollte, bekam er diese Note. Viel lieber beobachtete er Tiere und Pflanzen. Josef Guggenmos konnte jeden Vogel an der Stimme erkennen.

🐌 🐌 🐌

Krüss, James

James Krüss hat so viele Bücher, Texte fürs Theater, Tagebücher, Entwürfe und Notizen geschrieben, dass man dafür ein Regal mit 42 Metern bräuchte, damit alles darauf passt. Schon mit 10 Jahren gründete er die Zeitschrift „Die Kneifzange". Er schrieb dafür Texte gegen einen Lehrer, der die Schüler in die Ohren kniff. Die Zeitschrift kostete fünf Pfennig.

🐌 🐌 🐌

Lindgren, Astrid

Astrid Lindgren lebte in Schweden. Als sie ein Kind war, tobte sie gerne im Wald, auf der Wiese und in der Scheune auf dem Bauernhof herum. Ihre Erlebnisse dabei hat sie später aufgeschrieben und ihren Kindern zum Geburtstag geschenkt. Eine ihrer bekanntesten Geschichten ist die von „Pippi Langstrumpf". Pippis „Villa Kunterbunt" kann man heute in Schweden als Nachbau bewundern.

🐌 🐌 🐌

Mebs, Gudrun

Gudrun Mebs wollte schon mit vier Jahren Schauspielerin werden. Später besuchte sie dann auch wirklich eine Schauspielschule. Mit einer Theatergruppe reiste sie um die ganze Welt. Einen besonderen Wunsch erfüllte sich Gudrun Mebs, als sie in einer Zirkusschule das Seiltanzen lernte. Heute spielt sie Theater und schreibt Kinderbücher.

Morpurgo, Michael

Michael Morpurgo wurde in London geboren. Er arbeitete lange Zeit als Lehrer, bis er mit seiner Frau das Projekt „Bauernhöfe für Stadtkinder" gründete. Seine Frau und er besitzen drei Bauernhöfe. Dorthin dürfen Kinder aus den Städten kommen und mit den Tieren leben und arbeiten. Michael Morpugo begann schon als Lehrer damit, Bücher zu schreiben. Er hat mehr als 40 Kinderbücher geschrieben.

Nöstlinger, Christine

Eigentlich wollte Christine Nöstlinger Malerin werden. Doch dafür konnte sie nicht gut genug malen. So schrieb sie Geschichten. Und diese haben den Lesern sehr gut gefallen. Deshalb hat Christine Nöstlinger beschlossen, weiter Geschichten zu schreiben.

Schöne, Gerhard

Gerhard Schöne schreibt die Texte und Noten für Lieder. Er hat schon viele Lieder für Kinder geschrieben. Schon in der ersten Klasse hat er für seine Freundin ein Liebeslied („Ich liebe die Inge, und die Inge liebt mich") geschrieben. Während seiner Schulzeit riefen ihn die Kinder mit dem Spitznamen „Männel".

🐌 🐌 🐌

Sendak, Maurice

Maurice Sendak lebte zuerst in Polen, dann in Amerika. Die Familie hatte wenig Geld und der kleine Maurice war oft krank. Seine Mutter machte sich deshalb große Sorgen. Später malte Maurice gerne Bilder und schrieb Geschichten. In vielen Büchern von Maurice Sendak kann man auf seinen Bildern den Mond entdecken. Der Mond soll seine Mutter sein. Sie achtet – wie früher – auf alle Figuren im Bild.

🐌 🐌 🐌

Zeuch, Christa

Schon als Kind hat Christa Zeuch Gedichte geschrieben. Nach der Schulzeit arbeitete sie als Postangestellte, Augenarztassistentin, Sekretärin und machte eine Gesangsausbildung. Danach musizierte sie viele Jahre mit Kindern. Wenn Christa Zeuch Kinder beim Singen begleitet, ist ihre Gitarre Franziska immer dabei.

🐌 🐌 🐌

Inhaltsverzeichnis

Ⓓ Text ist auf der CD Hörtexte 2 zu finden.

Leseübungen

Lexis Lesetipps

Stichwortverzeichnis

Lösungen

S. 6: Ameise, Banane, Baby, Cent, Domino, Esel, Feder, Gabel, Hose, Igel, Jäger, Kerze, Leiter, Mond, Nase, Ofen, Pinsel, Qualle, Rakete, Sonne, Taxi, Tisch, Uhr, Vogel, Wolke, Zitrone

S. 7: Buch, Tieren, Familien, Freunden, Märchen, Gespenstern, Schätzen, Bücher, Computer, Flugzeuge, andere Länder, Lexi

S. 8: Tücher, Worte, Stiere, Haus

S. 9: Donnerstag

S. 24: Glasmurmel

S. 31: Ein Kürbis mit Hosenträgern. Ein Kürbis im Aufzug.

S. 74: Zeit

S. 77: Dromedar, Elefant, Kakadu, Fledermaus, Leopard, Grizzlybär, Papagei, Tintenfisch, Krokodil, Distelfink, Murmeltier, Schwalbenschwanz, Stachelschwein

S. 88: Rapunzel; Frau Holle; Tischlein deck dich, Goldesel und Knüppel aus dem Sack

S. 151: Heute empfiehlt der Küchenchef: Kalte Vorspeisen, Mozarella mit Basilikum, Schinkenrolle, Warme Vorspeisen und Suppen, Speck mit Ei, Backerbsensuppe, Hauptspeisen, Wiener Schnitzel, Brathuhn mit Kartoffelsalat, Fleischknödel mit Kraut, Nachspeisen, Apfelstrudel, Schwarzwälder Kirschtorte

S. 171: Frankreich, England, Schottland, Russland, Österreich, Spanien, Griechenland

Textsortenverzeichnis

Textquellenverzeichnis

Andersen, Hans Christian: Die Prinzessin auf der Erbse. In: Mein bunter Märchenschatz. Die schönsten Märchen von den Brüdern Grimm und Hans Christian Andersen. Ravensburger Buchverlag, Ravensburg 2003. S. 76–87.

Anger-Schmidt, Gerda: Nach einem Streit. In: Gerda Anger-Schmidt: Sei nicht sauer, meine Süße! DachsVerlag, Wien 1997. S. 28–29.

Anger-Schmidt, Gerda: Rätsel. In: Gerda Anger-Schmidt: Alles in Butter, liebe Mutter! DachsVerlag, Wien 1998. S. 34.

Anger-Schmidt, Gerda: Kürbisrätsel. In: Lene Mayer-Skumanz: Kürbisfest. DachsVerlag, Wien 2001. S. 51 und S. 52.

Anger-Schmidt, Gerda: Speisekarte (mit Druckfehlern) (Originaltitel: Kulinarium). In: Gerda Anger-Schmidt: Neun nackte Nilpferddamen. Niederösterreichisches Pressehaus, St. Pölten, Wien, Linz 2003. S. 52 (gekürzt).

Anger-Schmidt, Gerda: Wie heißen die Länder richtig? In: Gerda Anger-Schmidt: Neun nackte Nilpferddamen. Niederösterreichisches Pressehaus, St. Pölten, Wien, Linz 2003. o. S. (gekürzt).

April, April, April, ... In: Ilse Bilse. 12 Dutzend alte Kinderverse. Hrsg. von Achim Roscher. Der Kinderbuchverlag, Berlin, 9. Aufl. 1981. S. 64.

Auer, Martin: Das Kind, das nicht an Gespenster glaubte. In: Alles Gespenster. Hrsg. von Silvia Bartholl. Beltz Verlag, Weinheim, Basel 1993. S. 11–16 (Textauszug).

Baumann, Hans: Am einunddreißigsten Februar. © 1988 Elisabeth Baumann.

Betten, Lioba: Lieblingsleseplatz. In: Lioba Betten: Im Alphabet durch die Welt. Domino Verlag, München 2003. S. 23.

Blindenslalom: www.stud.uni-hamburg.de/users/ixtlan/sdw/spiele/spiele.htm

Boie, Kirsten: Klar, dass Mama Ole lieber hat. Verlag Friedrich Oetinger, Hamburg 1994. S. 5–11 sowie 5–15 (gekürzt).

Brecht, Bertolt: Märchen. In: Geschichten von kleinen Prinzen & Prinzessinnen. Hrsg. von Kristina Franke. Coppenrath Verlag, Münster 1997. S. 90

Brender, Irmela: Nashorn, Nilpferd ... In: Irmela Brender: War mal ein Lama in Alabama: Allerhand Reime und Geschichten in Gedichten. Verlag Friedrich Oetinger, Hamburg 2001. S. 31.

Brüder Grimm: Der goldene Schlüssel. In: Kinder- und Hausmärchen. Dritter Band. Hrsg. von Hans-Jörg Uther. Diederichs, München 1996. S. 185–186.

Brüder Grimm: Die Bremer Stadtmusikanten. In: Kinder- und Hausmärchen. Erster Band. Hrsg. von Hans-Jörg Uther. Diederichs, München 1996. S. 145–149 (bearbeitet).

Bull, Bruno Horst: Der Herbst beginnt. In: Mein großes, buntes Vorlesebuch. Hrsg. von Bruno Horst Bull. Bassermann, Niedernhausen/Ts. 1990. S. 154.

Busch, Wilhelm: Eins, zwei, drei! Im Sauseschritt ... (Julchen). In: Wilhelm Busch: Was beliebt ist auch erlaubt. Sämtliche Werke und eine Auswahl der Skizzen und Gemälde. Hrsg. von Rolf Hochhuth. Bd. 2. Bertelsmann Verlag, Gütersloh 1999. S. 207.

Bydlinski, Georg: Sommer. In: Georg Bydlinski: Wasserhahn und Wasserhenne. Gedichte und Sprachspielereien. DachsVerlag, Wien 2002. S. 46 (gekürzt).

Bydlinski, Georg: Was leuchtet da so? In: Georg Bydlinski: Der dicke Kater Pegasus. DachsVerlag, Wien 2002. S. 21.

Cave, Kathryn: Irgendwie Anders. Aus dem Englischen von Salah Naoura. Verlag Friedrich Oetinger, Hamburg 1994 (gekürzt).

Creech, Sharon: MEIN GELBER HUND. In: Sharon Creech: Der beste Hund der Welt. Aus dem Amerikanischen von Adelheid Zöfel. Fischer Taschenbuch Verlag, Frankfurt/M. 2003. S. 48 und S. 56–57.

Dapper, Beate-Manuela: Was du nicht willst. In: Musik in der Grundschule. Hrsg. von Friedrich Neumann und Frigga Schnelle. Schott Musik international. Heft 3, 2003, S. 26.

Die Erfindung des Adventskalenders. In: Jule Sommersberg: Das große Buch für's ganze Jahr. Gabriel Verlag, Stuttgart 2004. S. 204.

Dehmel, Paula: Als es nicht regnen wollte. In: Das Buch vom Sommer. Hrsg. von Hans Domenego und Hilde Leiter. Jugend und Volk, Wien, München 1985. S. 124–125.

Der erste Satz. Bearbeiteter und gekürzter Artikel von Alois Prinz (Michael Ende – Der Retter Phantásiens). In: Der Bunte Hund. Magazin für Kinder in den besten Jahren. Heft 64, 2003, S. 50–54.

Der Mensch und der Igel. In: Das Buch aus reinem Silber. Eine Märchenreise vom Amur bis zur Wolga. Hrsg. von Viktor Gazok. Marion von Schröder Verlag, Düsseldorf 1984. S. 170.

Duffek, Helga: Meine Buchstabentorte. In: Im Pfirsich wohnt der Pfirsichkern. Hrsg. von Wolf Harranth. Verlag St. Gabriel, Mödling-Wien 1994. S. 104.

Ende, Michael: Die Schildkröte. In: Michael Ende: Das Schnurpsenbuch. Thienemann Verlag, Stuttgart 1979. S. 63.

Ende, Michael: Jim Knopf und Lukas der Lokomotivführer. Wie Jim zu seinem Nachnamen kam. In: Kinder wie die Zeit vergeht. Hrsg. von Hansjörg Weitbrecht. Thienemann Verlag, Stuttgart, Wien, Bern 1999. S. 28.

Erntedankfest. In: Jule Sommersberg: Das große Buch für das ganze Jahr. Feste und Bräuche mit Kindern neu erleben. Gabriel Verlag, Stuttgart 2004. S. 65–66 (gekürzt und bearbeitet).

Faber, Anne: Spaziergang im Septemberwind. In: Anne Faber: Jahr und Tag. Ein Erzähl- und Sachbuch. Thienemann Verlag, Stuttgart 1981. o. S.

Familienwitze. In: Hans Gärtner: Leselöwen-Kinderwitze 3. Loewe Verlag, Bindlach 1992. S. 12.

Familienwitze. In: Super-Kinderwitze. Edition Aktuell, Menden 1991. S. 122.

Ferienspiele. In: Spiele mit Stöckchen & Steinchen. Moses Kinderbuchverlag, Kempen 2000. S. 32 und 33.

Ferra-Mikura, Vera: Guck in die Welt. In: Vera Ferra-Mikura: Lustig singt die Regentonne. Verlag Jungbrunnen, Wien, München 1964. o. S.

Fietzek, Petra: Vorsicht, Hund! In: Kleine Lesetiger-Mutgeschichten. Loewe Verlag, Bindlach 2004. S. 8–15.

Frei, Frederike: Selbstporträt. In: Gedichte für Anfänger. Rowohlt Verlag, Reinbek 1980. o. S.

Fröhlich, Roswitha: ACHTUNG! SPUKZEIT! In: Andreas Röckener: Caspars Traumbuch. Carlsen Verlag, Hamburg 1997. S. 47.

Gieseler, Corinna: Moritz heißt noch immer Meier. Verlag Heinrich Ellermann, Hamburg 2002 (Textauszug).

Graves, Robert Ranke: Das Zauberbuch. Diogenes Verlag, Zürich 2003 (Textauszug).

Guggenmos, Josef: Frühlingsblumen, Ostereier. In: Josef Guggenmos: Oh, Verzeihung, sagte die Ameise. Beltz Verlag, Weinheim, Basel 2002. S. 112.

Guggenmos, Josef: Zungenbrecher. In: Josef Guggenmos: Oh, Verzeihung, sagte die Ameise. Beltz Verlag, Weinheim, Basel 2002. o. S.

Hagen, Hans und Monique: Drei Tage. In: Hans und Monique Hagen. Wie sehr ich dich mag. Übersetzung von Christine Nöstlinger. Verlag Friedrich Oetinger, Hamburg 2001. S. 35.

Halbey, Hans Adolf: Pampelmusensalat. In: Hans Adolf Halbey: Pampelmusensalat. Beltz & Gelberg Verlag, Weinheim, Basel 1965. o. S.

Hector, Lea: Freunde. In: Freunde. Gertraud Middelhauve Verlag, München 1982. o. S.

Herbstblätter. In: Wieso? Warum? Weshalb? Bd. 2. Tessloff Verlag, Nürnberg 2002. S. 10–11.

Herfurtner, Rudolf: Der wasserdichte Willibald. Deutscher Taschenbuch Verlag, München 2002. S. 5–8 (gekürzter Textauszug).

Hofbauer, Friedl: Lied der Eiszapfen. In: Das Jahreszeiten-Reimebuch. Hrsg. von Ilse Walter. Herder Verlag, Freiburg, Basel, Wien 1992. S. 188.

Hoffmann von Fallersleben, August Heinrich: Das Osterei. In: Ans Fenster kommt und seht. Der Kinderbuchverlag, Berlin o. J. o. S.

Hofmannsthal, Hugo von: Schneeglöckchen. (Originalquelle nicht mehr auffindbar).

Johanniswürmchen. In: Das Buch vom Sommer. Hrsg. von Hans Domenego und Hilde Leiter. Jugend und Volk, Wien, München 1985. S. 97 (bearbeitet).

Johansen, Hanna: Maus, die Maus, liest und liest. Orell Füssli Verlag, Zürich 2000 (gekürzt).

Johansen, Hanna: Gespenster. In: Großer Ozean. Hrsg. von Hans-Joachim Gelberg. Beltz Verlag, Weinheim, Basel 2000. S. 121.

Kahlau, Heinz: Veilchen. In: Sieben Blumensträuße. Hrsg. von Hanns-Otto Tiede. Volk und Wissen, Berlin 1987. S. 158.

Kaléko, Mascha: Der Winter. In: Und mittendrin der freche Hans. Gedichte für Grundschulkinder. Hrsg. von Gerhard Sennlaub. Cornelsen Verlag, Berlin 1986. S. 20.

Kandierte Veilchen. In: Ravensburger Spieljahr. Ravensburger Buchverlag Otto Maier, Ravensburg 1994. S. 23 (bearbeitet).

King, Stephen Michael: Weißt du, wie lieb Papa dich hat? Übersetzung von Salah Naoura. Ravensburger Buchverlag, Ravensburg 1997 (gekürzt).

Kleberger, Ilse: Wirf mir den Ball zurück, Mitura! Hermann Schaffstein Verlag, Dortmund 1979. o. S. (gekürzt).

Kleberger, Ilse: Sommer. In: Das Jahreszeiten-Reimebuch. Hrsg. von Ilse Walter. Herder Verlag, Freiburg, Basel, Wien 1992. S. 70 (gekürzt).

Kordon, Klaus: Ich bin ein Wunder. In: Das achte Weltwunder. Hrsg. von Joachim Gelberg. Beltz Verlag, Weinheim, Basel 1979. o. S.

Kosespiel. In: Die Welt der Wörter. Sprachbuch für Kinder und Neugierige. Hrsg. von Hans Manz. Beltz & Gelberg, Weinheim, Basel, 2. Aufl. 1991. o. S.

Krüss, James: Wer erzieht den kleinen Elefanten? In: James' Tierleben. Carlsen Verlag, Hamburg 2003. S. 34.

Leibold, Roland: Herbstwind. Aus: Roland Leibold, „Hey du da, sing mit mir". © Mildenberger Verlag GmbH, 77652 Offenburg.

Leichter als Luft. In: www.blinde-kuh.de

Lenz, Angela: Die Reisemaus in Griechenland. Ein Reiseführer für Kinder. Thienemann Verlag, Stuttgart, Wien 2003.

Lindgren, Astrid: Weihnachten im Stall. In: Astrid Lindgren: Pelle zieht aus und andere Weihnachtsgeschichten. Verlag Friedrich Oetinger, Hamburg 1985. S. 143–148 (gekürzt).

Lins, Bernhard: Liebes Christkind. In: Bernhard Lins: Jetzt hol ich meinen Schlitten raus. Annette Betz Verlag, im Verlag Carl Ueberreuter, Wien, München 2003. o. S.

Lobel, Arnold: Der Frühling. In: Arnold Lobel: Das große Buch von Frosch und Kröte. Neu erzählt von Tilde Michels. Deutscher Taschenbuch Verlag, München, 2. Aufl. 2000. S. 8–19 (gekürzt).

Luciani, Brigitte: Die Hempels räumen auf! Michael Neugebauer Verlag, Gossau, Zürich 2004 (gekürzt).

Maar, Paul: Eine Woche voller Samstage. Verlag Friedrich Oetinger, Hamburg 1973. S. 17–20 (gekürzter Textauszug).

Mai, Manfred: Leicht und schwer. In: Trau dich was! Hrsg. von Rosemarie Portmann. Arena Verlag, Würzburg 2000. S. 84.

Manz, Hans: Altneues Märchen. In: Ins Land der Fantasie. Gedichte für Kinder. Hrsg. von Ursula Remmers und Ursula Warmbold. Reclam, Stuttgart 2003. S. 34.

McCaughrean, Geraldine: Die Uhr meiner Großmutter. Verlag Freies Geistesleben, Stuttgart 2002 (gekürzt).

Mebs, Gudrun: Ostervater. In: Gudrun Mebs: Meistens geht's mir gut mit dir. Carlsen Verlag, Berlin 2003. S. 7–19 (gekürzt).

Meinderts, Koos: Der Schwarze Reiter. Aus dem Niederländischen von Mirijam Pressler. In: Gespenster- und Vampirgeschichten. Hrsg. von Sonja Hartl. Arena Verlag, Würzburg 1993. S. 57–59 (gekürzt).

Menzel, Wolfgang: Wochentage. In: Texte für die Primarstufe 3. Schroedel Verlag, Hannover 1973. o. S.

Mit dem Computer kann man vieles tun. In: Der Kinderduden. Das Sachwörterbuch für die Grundschule. Von Ulrike Holzwarth u. a. 5., völlig neu bearbeitete Auflage. Mannheim u. a. 2002. S. 60–61 (bearbeitet).

Morpurgo, Michael: Das Gespenst mit den roten Augen. Aus dem Englischen von Fred Schmitz. Deutscher Taschenbuch Verlag, München 2003 (Auszüge).

Mucke, Dieter: Unerhörte Begebenheit. In: Dieter Mucke: Was flüstert der Wind mit dem Baum. Verlag Janos Stekovics, Halle an der Saale 2001. S. 77.

Nikolaus, du guter Mann, ... In: Äpfel, Nuß und Mandelkern. Textauswahl von Bruno Horst Bull. Carlsen Verlag, Hamburg 1983. o. S.

Nordqvist, Sven: Mit Findus durch den Sommer … (Monatsthema Juli). In: Sven Nordqvist: Mit Findus durchs ganze Jahr. Aus dem Schwedischen von Angelika Kutsch. Verlag Friedrich Oetinger, Hamburg 1999. S. 34 (gekürzt).

Nöstlinger, Christine: Ein wirklich toller Abend. In: Christine Nöstlinger: Fernsehgeschichten vom Franz. Verlag Friedrich Oetinger, Hamburg 1994. S. 50–61 (Textauszug).

Nöstlinger, Christine: Frühling. In: Christine Nöstlinger: Pit und Anja entdecken das Jahr. Schroedel Verlag, Hannover 1981. o. S.

Nöstlinger, Christine: Wie der Franz Angstbauchweh hatte. In: Christine Nöstlinger: Franz: allerhand und mehr. Verlag Friedrich Oetinger, Hamburg 2001. S. 47–63 (gekürzt).

Nöstlinger, Christine: Höflichkeit. In: Christine Nöstlinger: Ein und Alles. Beltz & Gelberg, Weinheim und Basel 2002. o. S.

Obrecht, Bettina: Anna wünscht sich einen Hund. Rowohlt Taschenbuch Verlag, Reinbeck bei Hamburg 2001, S. 7–36 (gekürzter Textauszug).

Olbrich, Hiltraud: Franziska und Fabian. In: Hiltraud Olbrich: Abschied von Tante Sofia. Kaufmann, Lahr 1998 (Textauszug).

Parker, Steve: Tagebuch einer Ameise. kbv, Luzern 2000. S. 8–13 (gekürzter Textauszug).

Piel, Andreas: Was passiert vor dem Start? In: Andreas Piel: Wieso? Weshalb? Warum? Mein erstes Frage- und Antwortbuch. Alles über Flugzeuge. Loewe Verlag, Bindlach 2001. S. 32.

Piratenwortspielereien (Originaltitel: Piratenflüche). In: Erich Ballinger: Piraten. Alles, was du wissen willst. Annette Betz Verlag, Wien, München 2001. S. 27.

Rooijers, Els: Ein richtiges Piratenmädchen. Fischer Taschenbuch Verlag, Frankfurt/M. 1999. S. 70–81 (gekürzter Textauszug).

Russischer Kindervers. In: Silvia Hüsler: Al fin Serafin: Kinderverse aus vielen Ländern. Atlantis-Kinderbücher, Verlag pro juventute/UNICEF, Zürich 1993. S. 38.

Schindler, Nina: Freda und die Fische. In: Nina Schindler: Schulgeschichten mit Freda. Arena Verlag, Würzburg 2001. S. 23–45 (gekürzter Textauszug).

Schöne, Gerhard: F-Tsch-Chqu-&%-Wumm-Apparat. In: Kolibri. Das Liederbuch. Schroedel Verlag, Hannover 2002. S. 65. © by Lied der Zeit GmbH, Hamburg.

Schreiber-Wicke, Edith: Als die Raben noch bunt waren. Thienemann Verlag, Stuttgart 1990 (gekürzt).

Sendak, Maurice: Es muss im Leben mehr als alles geben. In: Maurice Sendak: Higgelti Piggelti Pop! oder Es muss im Leben mehr als alles geben. Diogenes Verlag, Zürich 1980. S. 10 (gekürzt).

Spohn, Jürgen: Warte. In: Jürgen Spohn: Ach so. Ganzkurzgeschichten und Wünschelbilder. Bertelsmann Verlag, München 1982. S. 93.

Spohn, Jürgen: Viel. In: Allerlei Getier. Gedichte für Kinder. Hrsg. von Ursula Remmers und Ursula Warmbold. Reclam Verlag, Stuttgart 2003. S. 47.

Stiemert, Elisabeth: Eine Blättergeschichte. In: Angeführt! Angeführt! Hrsg. von Elisabeth Stiemert und Wilfried Blecher. Gerstenberg Verlag, Hildesheim 1990. o. S.

Thiel, Hans Peter: Das will ich wissen. Wale und Delfine. Arena Verlag, Würzburg 1997. S. 20–27 (gekürzt).

Trautmann, Thomas: Knotenmutter. In: Schulhofspiele. Cornelsen Verlag, Berlin 1999. o. S.

Vahle, Fredrik: Der Spatz und die Flugzeuge. In: Fredrik Vahle: Mäusepfiff und Himmelsblau. Geschichten, Lieder, Spiele, Gedichte. Middelhauve Verlag, Köln 1989. o. S. (gekürzt).

Vahle, Fredrik: Märchenreise. In: Dagmar Binder: Zwergenspeis und Räuberschmaus. Geschichten, Lieder und Rezepte aus dem Reich der Märchen. Patmos Verlag, Düsseldorf 2000. S. 108–110 (gekürzt). © Aktive Musik Verlagsgesellschaft mbH, Dortmund.

Walder, Vanessa: Geh raus! In: Leselöwen E-Mail-Geschichten. Löwe Verlag, Bindlach 2004. S. 18–25 (gekürzt).

Welsh, Renate: Die Brücke. In: Das Sprachbastelbuch: schreib deinen Namen auf, was reimt sich drauf? Hrsg. von Hans Domenengo u. a. Verlag Jugend und Volk, Wien, München 1975. o. S.

Wie ein Vogel fliegen. Der Traum vom Fliegen. In: Andrew Nahum: Flugmaschinen: die faszinierende Geschichte der Flugtechnik von den Heißluftballons des 18. Jahrhunderts bis zu den Düsenflugzeugen der Gegenwart. Aus dem Englischen von Doris Sift. Gerstenberg Verlag, Hildesheim 1991. S. 6 (bearbeitet).

Wißkirchen, Christa: Zum Muttertag. In: Mein fröhliches Kinderjahr. Edition Bücherbär im Arena Verlag, Würzburg 2001. S. 49.

Wittkamp, Frantz: In Angst und Entsetzen. In: Frantz Wittkamp: Ich glaube, dass du ein Vogel bist. Beltz Verlag, Weinheim, Basel 1987. S. 82.

Wittkamp, Frantz: Lange Beine, kurze Beine. In: Frantz Wittkamp: Alle Tage ein Gedicht. Ein Tagebuch und immerwährender Kalender. Coppenrath, Münster 2002. S. 43.

Zeuch, Christa: Zusammen sind wir stark. In: Trau dich was! Hrsg. von Rosemarie Portmann. Arena Verlag, Würzburg 2000. S. 40–43.

Zeuch, Christa: Tierkarneval. In: Christa Zeuch: Lisa, Lolle, Lachmusik. Arena Verlag, Würzburg 2003. S. 40.

Ziener, Øystein S.: Ole will kein Niemand sein. Aus dem Norwegischen von Maike Dörries. Arena Verlag, Würzburg 1999. S. 30–35 (gekürzter Textauszug).

Zöller, Elisabeth: Schatten in der Nacht. In: Elisabeth Zöller: Die schönsten Erstlesegeschichten. Fischer Taschenbuchverlag, Frankfurt/M. 2003. S. 104–108 (gekürzt).

Zuckowski, Rolf: Die Jahresuhr. In: Rolf Zuckowski: Musik für dich. Beboton-Verlag, Hamburg 1988/89. © MUSIK FÜR DICH Rolf Zuckowski OHG, Hamburg.

Zuckowski, Rolf: Das eine Kind ist so, das andre Kind ist so ... In: Sprüche an der Wand. Lieder gegen Ausländerfeindlichkeit (CD). Patmos Verlag, Düsseldorf 1988. Lied Nr. 7 (gekürzt). © MUSIK FÜR DICH Rolf Zuckowski OHG, Hamburg.

Originalbeiträge

S. 6: Buchstabentorte, S. 7: Hallo (Lexis Brief), S. 8: LESEN; Was antwortet dir? Lesen ist wie ..., S. 9: Stundenplan, S. 16: Infokasten Knigge, S. 27: Windrad für den Herbst, S. 31: Halloween, S. 33: Martin und die Gänse; Infokasten Sankt Martin, S. 39: Gespensterwörter, S. 57: Infokasten Insekten, S. 58: Tiere in Not, S. 59: Beim Tierarzt, S. 67: Infokasten Nikolaus, S. 83: Die Brüder Grimm; Infokasten Brüder Grimm, S. 88: Märchentürme, S. 89: Märchenwerkstatt. Nach einer Idee von Eva Maria Kohl: Märchenwörter – Märchensätze. In: Eva Maria Kohl: Spielzeug Sprache. Ein Werkstattbuch. Hermann Luchterhand Verlag, Neuwied, Berlin 1995. S. 48 und 49, S. 100: Infokasten da Vinci, S. 102: Das Flugzeug als Transportmittel, S. 110–111: Auf Schatzsuche. Schatzkarte nach einer Idee von Marjorie Newman: Graubarts Jagd nach dem Piratengold. Lappan Verlag, Oldenburg 1997. S. 6 und 7, S. 112: Infokasten Schatzfund, S. 113: Schatz an Bord, S. 117: Halli! Hallo! Hallöchen! Nach einer Idee von HALLO. Für Kinder mit Köpfchen. Ich bin so wütend. Deutscher Sparkassenverlag, Stuttgart im November 2003. S. 8–9, S. 128: Kesse Krokusse; Frühling; Frühlingsgartenwaldwiesenfeldosterhase, S. 131: Ostern; Infokasten Ostertermin, S. 133: Osterspiele, S. 134: Haikus, S. 135: Gedichte auswendig lernen und vortragen, S. 138: Lesenacht in der Schule (Schülerbeitrag von Vanessa), S. 140: In der Bücherei (Schülerbeitrag von Kristin), S. 143: Infokasten Jim Knopf, S. 148: Was es alles gibt!, S. 154: AN.TEN.NE.AB.5, S. 159: Himbeeren; Zecken, S. 163: Ferientag im Freizeitpark, S. 166: Wir backen Stockbrot, S. 175: Griechischer Bauernsalat, S. 176: Russland; Infokasten Sibirien, S. 177: Lexi verabschiedet sich, S. 178–187: Schwierige Wörter; Fachbegriffe; Autorenlexikon

Bildquellenverzeichnis

S. 18–20   Originalillustrationen von Chris Ridell aus: Kathryn Cave: Irgendwie Anders. Verlag Friedrich Oetinger, Hamburg 1994. © Verlagsgruppe Oetinger, Hamburg/Chris Ridell

S. 58   Igel: © Picture Press/O. und I. Hahn

S. 63   Blauwal: © WDSC Deutschland, München

S. 66   Adventskalender: © Ulrich Holldorf, Hammerfestweg 31, 24109 Kiel

S. 67   Nikolausdenkmal: © Marion Fix

S. 73   Originalillustration von Paul Maar aus: Paul Maar: Das Sams wird Filmstar. Verlag Friedrich Oetinger, Hamburg 2001. © Verlagsgruppe Oetinger/Paul Maar

S. 83   Brüder Grimm: © Fotoarchiv Panorama

S. 99   Fliegengeschichte von Wilhelm Schlote aus: Geh und spiel mit dem Riesen. 1. Jahrbuch der Kinderliteratur. Hrsg. von Hans-Joachim Gelberg. Beltz Verlag, Weinheim und Basel 1971, 1990. © Wilhelm Schlote/Hans-Joachim Gelberg

S. 100   Flugspirale: © Herfried Exl, Wien

S. 100   Porträt Leonardo da Vinci: © Karl-Sudhoff-Institut, Leipzig

S. 101   Montgolfiere: © picture-alliance/akg-images

S. 101   Flug Otto Lilienthal: © picture-alliance/dpa

S. 113   Schiff im Sturm © akg-images/Cameraphoto

S. 119   Bildergeschichte Hörst du auch zu? aus: Aliki Brandenberg: Ich sag' dir was. Ein Bilderbuch über das Reden und Zuhören. Deutsch von Susanne Härtel. arsEdition, München 1995. Text and illustrations copyright © 1993 by Aliki Brandenberg. Used by permission of HarperCollins Publishers.

S. 126–127   Originalillustrationen von Arnold Lobel aus: Arnold Lobel: Das große Buch von Frosch und Kröte. Neu erzählt von Tilde Michels/© Deutscher Taschenbuch Verlag München

S. 138   Lesenacht: © Christine Kalusche

S. 139   Leseauto aus: Lioba Betten: Im Alphabet durch die Welt. Kinder lesen überall. Domino Verlag München 2003. © Domino Verlag/Lioba Betten, München

S. 141   Originalillustrationen von Ole Könneke. © Carlsen Verlag GmbH, Hamburg/Ole Könneke. Aus: „Doktor Dodo schreibt ein Buch". Carlsen Verlag Hamburg 2001.

S. 142   Michael Ende: © picture-alliance/dpa

S. 143   Jim Knopf und Lukas der Lokomotivführer: © Stadtverwaltung Winnenden

S. 154   Cartoon „WOHIN DAMIT": © Oliver Gaspirtz

S. 162   Originalillustration von Sven Nordqvist aus: Mit Findus durchs ganze Jahr. Verlag Friedrich Oetinger, Hamburg 1999. © Verlagsgruppe Oetinger, Hamburg/Sven Nordqvist

S. 164   Originalillustrationen von Peter Schössow aus: Peter Schössow: Popinga geht baden. Carlsen Verlag, Hamburg 2003. © Carlsen Verlag GmbH/Peter Schössow

S. 176   Transsibirische Eisenbahn: © VISUM, Hamburg/Gerd Ludwig

Herausgeber
Franz Werthmann

Autoren
Jutta Fiedler, Claudia Griese, Marion Lohse, Petra Roth,
Kristina Spall und Franz Werthmann

Berater
Prof. Dr. Bernhard Meier

Illustratoren
Renate Becker, Dorothée Boehlke, Nicole Bonzelius-Lorenz,
Pia Eisenbarth, Volker Fredrich, Barbara Gerth,
Julia Ginsbach, Cornelia Haas, Nina Hammerle, Gabie Hilgert,
Günther Jakobs, Hildegard Müller und Dunja Schnabel

Redaktion: Dr. Andrea Klein
Herstellung: Jutta Herboth, Kathrin Reichel
Satz und Reproduktion: Longo AG, Bozen
Layout und Umschlaggestaltung: tiff.any, Berlin
unter Verwendung einer Illustration von Julia Ginsbach

Die genannten Internetangebote wurden von der Redaktion sorgfältig zusammengestellt und
geprüft. Für die Inhalte der Internetangebote Dritter, deren Verknüpfung zu anderen
Internetangeboten und Änderungen der unter der jeweiligen Internetadresse angebotenen Inhalte
übernimmt der Verlag keinerlei Haftung.

2. Auflage, 5. Druck 2014

© 2010 Duden Paetec GmbH, Berlin
© 2012 Cornelsen Schulverlage GmbH, Berlin

www.duden-schulbuch.de

Druck: Stürtz GmbH, Würzburg

ISBN 978-3-89818-823-4